O FIM DAS CERTEZAS

FUNDAÇÃO EDITORA DA UNESP

Presidente do Conselho Curador
Mário Sérgio Vasconcelos

Diretor-Presidente
Jézio Hernani Bomfim Gutierre

Superintendente Administrativo e Financeiro
William de Souza Agostinho

Conselho Editorial Acadêmico
Danilo Rothberg
João Luís Cardoso Tápias Ceccantini
Luiz Fernando Ayerbe
Marcelo Takeshi Yamashita
Maria Cristina Pereira Lima
Milton Terumitsu Sogabe
Newton La Scala Júnior
Pedro Angelo Pagni
Renata Junqueira de Souza
Rosa Maria Feiteiro Cavalari

Editores-Adjuntos
Anderson Nobara
Leandro Rodrigues

club estrangeiro, cuja mala direta recebo já não me lembro por quê. Leio a advertência em caixa-alta DRESS CODE: SHOES ONLY.

Quase sorrio.

Penso no sétimo cliente, do qual, além do nome, já esqueci o rosto, nosso encontro sem sequer sapatos: o sexo impessoal, minha fantasia livre para criar à vontade, a fantasia dele livre para criar à vontade, nossa infantil esperança de matar a sede mesmo sabendo que ela é inesgotável.

Corro os olhos pelas mensagens às quais ainda não respondi e me detenho na de Alberto, que abro com uma ponta de medo por me lembrar claramente de alguns trechos, por lhe conhecer o teor. Mas, com atenção, releio o texto comprido, enviado exatamente uma semana atrás, as lamentações escritas numa lucidez própria de fim de noite, quando tudo é mais cru. Leio linha por linha, muito devagar, entendendo cada vírgula não posta, cada parágrafo feito onde não seria necessário ponto.

Coço os olhos, que de repente ardem. Sinto uma espécie de arrepio, mas é um arrepio por baixo da pele. Um arrepio seco, anestesiado. Fátima surge no quarto com olhos sonolentos e salta para a cama, de onde me encara como se perguntasse: "Você não vem?"

— Estou indo — digo.

Clico em Responder e digito olhando fixamente para a tela: "Aqui também. Não está fácil".

ILYA PRIGOGINE
(Com a colaboração de Isabelle Stengers)

O FIM DAS CERTEZAS
TEMPO, CAOS E AS LEIS DA NATUREZA

2ª edição

Tradução de
Roberto Leal Ferreira

Copyright © 1996 by Éditions Odile Jacob
Título original em francês: *La fin des certitudes.*
Temps, chaos et les lois de la nature.

Copyright © 1996 da tradução brasileira:
Direitos de publicação reservados à:
Fundação Editora da UNESP (FEU)
Praça da Sé, 108
01001-900 – São Paulo – SP
Tel.: (0xx11) 3242-7171
Fax: (0xx11) 3242-7172
www.editoraunesp.com.br
www.livrariaunesp.com.br
feu@editora.unesp.br

CIP – Brasil. Catalogação na fonte
Sindicato Nacional dos Editores de Livros, RJ

P949f
2.ed.

Prigogine, I. (Ilya), 1917-2003
  O fim das certezas: tempo, caos e as leis da natureza / Ilya Prigogine (com a colaboração de Isabelle Stengers); tradução de Roberto Leal Ferreira. – 2.ed. – São Paulo: Editora Unesp, 2011.
  205p.: il.
  ISBN 978-85-393-0113-3

  Tradução de: La fin des certitudes: temps, chaos et les lois de la nature.

  1. Ciência – Filosofia.   2. Espaço e tempo.   3. Comportamento caótico nos sistemas.   4. História natural   I. Stengers, Isabelle, 1949-.   II. Título.

11-1787.
CDD: 501
CDU: 501

Índices para catálogo sistemático:

1. Ciência: Filosofia   501
2. Ciência: Teoria   501

Editora Afiliada:

SUMÁRIO

9   Prólogo
Uma nova racionalidade

17   Capítulo 1
O dilema de Epicuro

61   Capítulo 2
Apenas uma ilusão?

79   Capítulo 3
Das probabilidades à irreversibilidade

95   Capítulo 4
As leis do caos

115   Capítulo 5
Para além das leis de Newton

139   Capítulo 6
Uma nova formulação da teoria quântica

161 Capítulo 7
Nosso diálogo com a natureza

173 Capítulo 8
O tempo precede a existência?

197 Capítulo 9
Um caminho estreito

Este livro tem uma história curiosa. Inicialmente, tratava-se de preparar a tradução do livro *Entre o tempo e a eternidade*, escrito em colaboração com Isabelle Stengers. Preparamos várias versões sucessivas (uma das quais foi publicada em língua alemã[1] e outra em russo[2]). Mas os progressos ocorridos recentemente neste assunto forçaram-me a proceder a uma revisão da apresentação. Por modéstia, Isabelle Stengers desejou não mais ser coautora, mas aparecer como minha "colaboradora", quando este livro, sem ela, não teria sido escrito. Além disso, eu havia preparado o texto em inglês, ela o traduziu para o francês e o melhorou em muitos pontos. Agradeço-lhe de coração.

Este livro é o resultado de um trabalho de equipe que se prolongou por muitos anos. Não posso citar todos os que contribuíram para ele. Gostaria, porém, de ressaltar a importância da jovem equipe de que fazem parte I. Antoniou (Bruxelas), D. Driebe (Austin, EUA), H. Hasegawa (Austin, EUA), S. Tasaki (Kyoto) e T. Petrosky (Austin, EUA). Um bom número de ideias

---

1 PRIGOGINE, I., STENGERS, I. *Das Paradox der Zeit*. München: R. Piper, 1993.
2 PRIGOGINE, I., STENGERS, I. Moscou: Edições do Progresso, 1994.

sobre o tempo, o determinismo e a irreversibilidade apresentadas neste livro haviam sido formuladas anteriormente, mas foi graças a eles que elas puderam ser precisadas e encontrar uma formulação matemática elegante.

Não queria esquecer-me, porém, da minha velha equipe de Bruxelas, que preparou este trabalho, e de agradecer em particular a R. Balescu, M. de Haan, Fr. Henin, Cl. George, A. Grecos e F. Mayné.

Enfim, minha gratidão vai também às instituições que sustentaram estes trabalhos, em especial a Comunidade Francesa da Bélgica, o governo federal belga, por intermédio dos Polos de Atração Universitária, os Institutos Internacionais de Física e de Química Solvay, o Departamento de Energia dos Estados Unidos, a União Europeia e a Welch Foundation (Texas).

Por fim, gostaria de agradecer à Sra. Odile Jacob pela paciência de que deu mostras e por seus encorajamentos. Gérard Jorland ajudou-me com suas observações a melhor me fazer compreender.

Diante de todos os problemas novos que hoje se delineiam no horizonte, não é fácil conseguir tempo para escrever um livro. Se consegui transmitir ao leitor a minha convicção de que estamos assistindo a uma mudança radical da direção seguida pela física desde Newton, este livro terá alcançado seu objetivo.

PRÓLOGO
UMA NOVA RACIONALIDADE

Segundo Karl Popper, o senso comum tende a afirmar "que *todo* evento é causado por um evento que o precede, de modo que se poderia predizer ou explicar qualquer evento ... Por outro lado, o senso comum atribui às pessoas sadias e adultas a capacidade de escolher livremente entre várias vias de ação distintas...".[1] Esta tensão no interior do senso comum traduz-se no pensamento ocidental por um problema maior, que William James[2] chamou de "dilema do determinismo". Este dilema tem como desafio nossa relação com o mundo e particularmente com o tempo. O futuro é dado ou está em perpétua construção? É uma ilusão a crença em nossa liberdade? É uma verdade que nos separa do mundo? A questão do tempo está na encruzilhada do problema da existência e do conhecimento. O tempo é a dimensão fundamental de nossa existência, mas está também no coração da física, pois foi a incorporação do tempo no esquema conceitual da física galileana o ponto de partida da ciência ocidental. Por certo,

---

1 POPPER, K. *L'univers irrésolu*. Plaidoyer pour l'indéterminisme. Paris: Hermann, 1984. p.XV.
2 JAMES, W. "The Dilemma of Determinism". In *The Will to Believe*. New York: Dover, 1956.

este ponto de partida é um triunfo do pensamento humano, mas está também na origem do problema que constitui o objeto deste livro. Sabe-se que Einstein afirmou muitas vezes que "o tempo é ilusão". E, de fato, o tempo tal como foi incorporado nas leis fundamentais da física, da dinâmica clássica newtoniana até a relatividade e a física quântica não autoriza nenhuma distinção entre o passado e o futuro. Ainda hoje, para muitos físicos, esta é uma verdadeira profissão de fé: em termos da descrição fundamental da natureza, não há *flecha do tempo*.

E no entanto, em toda parte, na química, na geologia, na cosmologia, na biologia ou nas ciências humanas, o passado e o futuro desempenham papéis diferentes. Como poderia a flecha do tempo emergir de um mundo a que a física atribui uma simetria temporal? Este é o *paradoxo do tempo*, que transpõe para a física o "dilema do determinismo". O paradoxo do tempo está no centro deste livro.

O paradoxo do tempo só foi identificado tardiamente, na segunda metade do século XIX, graças aos trabalhos do físico vienense Ludwig Boltzmann. Ele acreditara poder seguir o exemplo de Charles Darwin na biologia e fornecer uma descrição evolucionista dos fenômenos físicos. Sua tentativa teve como efeito pôr em evidência a contradição entre as leis da física newtoniana, baseadas na equivalência entre passado e futuro, e toda tentativa de formulação evolucionista que afirme uma distinção essencial entre futuro e passado. Na época, as leis da física newtoniana eram aceitas como a expressão de um conhecimento ideal, objetivo e completo. Já que as leis afirmavam a equivalência entre o passado e o futuro, toda tentativa de conferir uma significação fundamental à flecha do tempo aparecia como uma ameaça contra esse ideal. A situação não mudou hoje. Assim, muitos físicos consideram a mecânica quântica, no campo da microfísica, como a formulação definitiva da física, assim como os físicos da época de Boltzmann julgavam definitivas as leis da física newtoniana. Por isso, a questão permanece: como incorporar a flecha do tempo sem destruir essas construções grandiosas do espírito humano?

Desde a época de Boltzmann, a flecha do tempo foi, portanto, relegada ao domínio da fenomenologia. Nós, humanos, observadores limitados, seríamos responsáveis pela diferença entre passado e futuro. Esta tese, que reduz a flecha do tempo ao caráter aproximado de nossa descrição da natureza, ainda é defendida na maior parte dos livros recentes. Outros autores renunciam a pedir às ciências a chave do mistério insolúvel que constituiria o surgimento da flecha do tempo. Ora, desde Boltzmann, a situação mudou profundamente. O desenvolvimento espetacular da física de não equilíbrio e da dinâmica dos sistemas dinâmicos instáveis associados à ideia de caos força-nos a revisar a noção de tempo tal como é formulada desde Galileu.

De fato, ao longo das últimas décadas, nasceu uma nova ciência, a física dos processos de não equilíbrio. Esta ciência levou a conceitos novos, como a auto-organização e as estruturas dissipativas, que são hoje amplamente utilizados em áreas que vão da cosmologia até a ecologia e as ciências sociais, passando pela química e pela biologia. A física de não equilíbrio estuda os processos dissipativos, caracterizados por um tempo unidirecional, e, com isso, confere uma nova significação à irreversibilidade. Precedentemente, a flecha do tempo estava associada a processos muito simples, como a difusão, o atrito, a viscosidade. Podia-se concluir que esses processos eram compreensíveis com o auxílio simplesmente das leis da dinâmica. O mesmo não ocorre hoje em dia. A irreversibilidade não aparece mais apenas em fenômenos tão simples. Ela está na base de um sem-número de fenômenos novos, como a formação dos turbilhões, das oscilações químicas ou da radiação laser. Todos esses fenômenos ilustram o papel construtivo fundamental da flecha do tempo. A irreversibilidade não pode mais ser identificada com uma mera aparência que desapareceria se tivéssemos acesso a um conhecimento perfeito. Ela é uma condição essencial de comportamentos coerentes em populações de bilhões de bilhões de moléculas. Segundo uma frase que gosto de repetir: a matéria é cega ao equilíbrio ali onde a flecha do tempo não se manifesta; mas quando esta se manifesta, longe do equilíbrio, a matéria começa a ver! Sem a coerência dos processos irreversíveis de não equilíbrio, o aparecimento da vida na Terra seria inconcebível. A tese de que a flecha do tempo é apenas fenomenológica torna-se absurda. Não somos nós que geramos a flecha do tempo. Muito pelo contrário, somos seus filhos.

O segundo desenvolvimento relativo à revisão do conceito de tempo na física foi o dos sistemas dinâmicos instáveis. A ciência clássica privilegiava a ordem, a estabilidade, ao passo que em todos os níveis de observação reconhecemos agora o papel primordial das flutuações e da instabilidade. Associadas a essas noções, aparecem também as escolhas múltiplas e os horizontes de previsibilidade limitada. Noções como a de caos tornaram-se populares e invadem todos os campos da ciência, da cosmologia à economia. Mas, como mostraremos neste livro, os sistemas dinâmicos instáveis levam também a uma extensão da dinâmica clássica e da física quântica e, a partir daí, a uma formulação nova das leis fundamentais da física. Esta formulação quebra a simetria entre passado e futuro que a física tradicional afirmava, inclusive a mecânica quântica e a relatividade. Essa física tradicional unia conhecimento completo e certeza: desde que fossem dadas condições iniciais apropriadas, elas garantiam a previsibilidade do futuro e a possibilidade de retrodizer o passado. Desde que a instabilidade é incorporada, a significação das leis da natureza ganha um novo sentido. Doravante, elas exprimem possibilidades.

A ambição deste livro é apresentar essa transformação das leis da física e, portanto, de toda a nossa descrição da natureza.

Outras questões estão diretamente ligadas ao problema do tempo. Uma é o papel estranho conferido ao observador na teoria quântica. O paradoxo do tempo faz de nós os responsáveis pela quebra de simetria temporal observada na natureza. Mais ainda, porém, o observador é que seria responsável por um aspecto fundamental da teoria quântica, que é a chamada redução da função de onda. Este papel que ela atribui ao observador é que, como veremos, deu à mecânica quântica seu aspecto aparentemente subjetivista e suscitou controvérsias intermináveis. Na interpretação usual, a medição, que impõe uma referência ao observador na teoria quântica, corresponde a uma quebra de simetria temporal. Em compensação, a introdução da instabilidade na teoria quântica leva a uma quebra da simetria do tempo. O observador quântico perde, a partir daí, seu estatuto singular! A solução do paradoxo do tempo fornece também uma solução ao *paradoxo quântico* e leva a uma formulação realista da teoria. Sublinhemos que isto não nos faz voltar à ortodoxia clássica e determinista; muito pelo contrário, nos leva a afirmar ainda mais o caráter estatístico da mecânica quântica.

Como já ressaltamos, tanto na dinâmica clássica quanto na física quântica, as leis fundamentais exprimem agora possibilidades e não mais certezas. Temos não só leis, mas também eventos que não são dedutíveis das leis, mas atualizam as suas possibilidades. Nesta perspectiva, não podemos evitar colocar o problema da significação desse evento primordial que a física batizou de *"big bang"*. Que significa o *big bang*? Fornece-nos ele as raízes do tempo? Começou o tempo com o *big bang*? Ou o tempo preexistia ao nosso universo?

Chegamos aí às fronteiras de nossos conhecimentos, numa área em que raciocínio físico e especulação dificilmente se demarcam. Sem dúvida, é prematuro falar de demonstração ou de prova, mas é interessante analisar as possibilidades conceituais. Como vamos mostrar, podemos conceber hoje o *big bang* como um evento associado a uma instabilidade, o que implica que ele é o ponto de partida de nosso universo, mas não o do tempo. Enquanto o nosso universo tem uma idade, o meio cuja instabilidade produziu este universo não a teria. Nesta concepção, o tempo não tem início e provavelmente não tem fim!

É satisfatório o fato de que, mesmo em suas fronteiras, a física possa afirmar o caráter primordial da flecha do tempo, mas o essencial de nossa tarefa continua sendo a formulação das leis da natureza na área em que se situa principalmente o nosso diálogo experimental, a área das baixas energias, a da física macroscópica, da química e da biologia. É exatamente aí que se atam os laços que unem a existência humana à natureza.

A questão do tempo e do determinismo não se limita às ciências, mas está no centro do pensamento ocidental desde a origem do que chamamos de racionalidade e que situamos na época pré-socrática. Como conceber a criatividade humana ou como pensar a ética num mundo determinista? Esta questão traduz uma tensão profunda no interior de nossa tradição, que se pretende, ao mesmo tempo, promotora de um saber objetivo e afirmação do ideal humanista de responsabilidade e de liberdade. A democracia e as ciências modernas são ambas herdeiras da mesma história, mas essa história levaria a uma contradição se as ciências fizessem triunfar uma concepção determinista da natureza, ao passo que a democracia encarna o ideal de uma sociedade livre. Considerarmo-nos estrangeiros à natureza implica um dualismo estranho à aventura das ciências, bem como à paixão de inteligibilidade própria do mundo ocidental. Esta paixão consiste, segundo Richard Tarnas, em "reencontrar sua unidade com as raízes de seu ser".[3] Pensamos situar-nos hoje num ponto crucial dessa aventura, no ponto de partida de uma nova racionalidade que não mais identifica ciência e certeza, probabilidade e ignorância.

Neste fim de século, a questão do futuro da ciência é muitas vezes colocada. Para alguns, como Stephen Hawking em sua *Breve história do tempo*,[4] estamos próximos do fim, do momento em que seremos capazes de decifrar o "pensamento de Deus". Creio, pelo contrário, que estamos apenas no começo da aventura. Assistimos ao surgimento de uma ciência que não mais se

---

3 TARNAS, R. *The Passion of the Western Mind*. New York: Harmony, 1991. p.443.
4 HAWKING, S. *Une brève histoire du temps*. Paris: Flammarion, 1991. (Col. Champs).

limita a situações simplificadas, idealizadas, mas nos põe diante da complexidade do mundo real, uma ciência que permite que se viva a criatividade humana como a expressão singular de um traço fundamental comum a todos os níveis da natureza.

Tentei apresentar esta transformação conceitual, que implica a abertura de um novo capítulo na fecunda história das relações entre física e matemática, sob uma forma legível e acessível a todo leitor interessado na evolução de nossas ideias sobre a natureza. Todavia, era inevitável que alguns capítulos, no caso, sobretudo, os capítulos 5 e 6, recorressem a desenvolvimentos um tanto técnicos. Mas os resultados são retomados sob uma forma geral nos capítulos ulteriores. Toda inovação conceitual exige uma justificação precisa e deve delimitar as situações em que permite predições novas. Note-se que essas predições já foram verificadas por simulações feitas no computador.

Embora este livro seja fruto de décadas de trabalho, estamos apenas no início deste novo capítulo da história de nosso diálogo com a natureza. Mas o tempo de vida de cada um de nós é limitado, e decidi apresentar os resultados como eles existem hoje. Não é à visita de um museu de arqueologia que o leitor está convidado, mas sim a uma excursão por uma ciência em evolução.

CAPÍTULO 1

O DILEMA DE EPICURO

I

As questões estudadas neste livro – é regido o universo por leis deterministas? qual o papel do tempo? – foram formuladas pelos pré-socráticos na aurora do pensamento ocidental. Elas nos acompanham há mais de dois mil e quinhentos anos. Hoje, os desenvolvimentos da física e das matemáticas do caos e da instabilidade abrem um novo capítulo nessa longa história. Percebemos esses problemas sob um ângulo renovado. Podemos de agora em diante evitar as contradições do passado.

Foi Epicuro o primeiro a estabelecer os termos do dilema a que a física moderna conferiu o peso de sua autoridade. Sucessor de Demócrito, ele imaginava o mundo constituído por átomos em movimento no vazio. Pensava que os átomos caíam todos com a mesma velocidade, de acordo com trajetórias paralelas. Como podiam, então, entrar em colisão? Como podia aparecer a novidade, uma nova combinação de átomos? Para Epicuro, o problema da ciência, da inteligibilidade da natureza e o do destino dos homens eram inseparáveis. Que podia significar a liberdade humana no mundo determinista dos átomos? Escrevia ele a Meneceu:

> Quanto ao destino, que alguns consideram o senhor de tudo, o sábio ri-se dele. De fato, mais vale ainda aceitar o mito sobre os deuses do que se sujeitar ao destino dos físicos. Pois o mito nos deixa a esperança de nos conciliarmos com os deuses por meio das honras que nós lhes rendemos, ao passo que o destino tem um caráter de necessidade inexorável.[1]

Embora os físicos de que fala Epicuro sejam os filósofos estoicos, esta citação soa de maneira espantosamente moderna! Repetidas vezes, os grandes pensadores da tradição ocidental, como Kant, Whitehead ou Heidegger, defenderam a existência humana contra uma representação objetiva do mundo que ameaçava o seu sentido. Mas nenhum deles conseguiu propor uma concepção que satisfizesse as paixões contrárias, que reconciliasse nossos ideais de inteligibilidade e de liberdade. Assim, a solução proposta pelo próprio Epicuro, o *clinamen*, que em momentos imprevisíveis perturba imperceptivelmente a queda paralela dos átomos, permaneceu na história do pensamento como o exemplo mesmo de uma hipótese arbitrária, que salva um sistema pela introdução de um elemento *ad hoc*.[2]

Mas precisamos de um pensamento da novidade? Toda novidade não é ilusão? Também aqui, a questão remonta às origens. Para Heráclito, tal como o entendeu Popper, "a verdade é ter apreendido o ser essencial da natureza, tê-la concebido como implicitamente infinita, como o processo mesmo".[3] Por contraste, o célebre poema de Parmênides afirma a realidade única do ser, que

---

1 EPICURO. *Doctrines et maximes*. Trad. francesa de M . Solovine. Paris: Hermann, 1938. p.80.

2 Com a possibilidade de que um outro pensamento venha salvar a coerência do conjunto, como o fez Michel Serres acerca de Lucrécio.

3 POPPER, K. *The Open Society and its Enemies*. Princeton: Princeton University Press, 1963.

não morre nem nasce nem evolui. E para Platão, como sabemos pelo *Sofista*, precisamos tanto do ser quanto do devir, pois se a verdade está ligada ao ser, a uma realidade estável, não podemos conceber nem a vida nem o pensamento se descartarmos o devir.

Desde sua origem, a dualidade do ser e do devir foi uma obsessão para o pensamento ocidental, a tal ponto que Jean Wahl pôde caracterizar a história da filosofia como uma história infeliz, que oscila continuamente entre um mundo autômato e um universo governado pela vontade divina.[4]

A formulação das "leis da natureza" trouxe um elemento crucial a esse debate antigo. De fato, as leis enunciadas pela física não têm como objeto negar o devir em nome da verdade do ser. Muito pelo contrário, elas visam a descrever a mudança, os movimentos caracterizados por uma velocidade que varia ao longo do tempo. E, no entanto, seu enunciado constitui um triunfo do ser sobre o devir. O exemplo por excelência é a lei de Newton, que liga a força à aceleração: é ao mesmo tempo determinista e reversível no tempo. Se conhecemos as condições iniciais de um sistema submetido a essa lei, ou seja, seu estado num instante qualquer, podemos calcular todos os estados seguintes, bem como todos os estados precedentes. Mais ainda, passado e futuro desempenham o mesmo papel, pois a lei é invariante em relação à inversão dos tempos t— –t. A lei de Newton justifica bem, portanto, o famoso demônio de Laplace, capaz de observar o estado presente do universo e dele deduzir toda a evolução futura.

Todos sabem que a física newtoniana foi destronada no século XX pela mecânica quântica e pela relatividade. Mas os traços fundamentais da lei de Newton, seu determinismo e sua simetria temporal, sobreviveram. Evidentemente, a mecânica quântica já não descreve trajetórias, mas sim funções de onda (vide seção IV deste capítulo e o capítulo 6); sua equação de base, porém, a equação de Schrödinger, também é determinista e de tempo reversível.

---

4 WAHL, J. *Traité de métaphysique*. Paris: Payot, 1968.

As leis da natureza enunciadas pela física são da esfera, portanto, de um conhecimento ideal que alcança a certeza. Uma vez que as condições iniciais são dadas, tudo é determinado. A natureza é um autômato que podemos controlar, pelo menos em princípio. A novidade, a escolha, a atividade espontânea são apenas aparências, relativas apenas ao ponto de vista humano.

Muitos historiadores ressaltam o papel essencial desempenhado pela figura do Deus cristão, entendido no século XVII como um legislador todo-poderoso, nessa formulação das leis da natureza. A teologia e a ciência convergiam, na época. Escreveu Leibniz: "na menor das substâncias, olhos tão penetrantes quanto os de Deus poderiam ler imediatamente toda a sequência das coisas do universo. *Quae sint, quae fuerint, quae mox futura trahantur* (Que são, que foram, que acontecerão no futuro)".[5] A submissão da natureza a leis deterministas aproximava, assim, o conhecimento humano do ponto de vista divino atemporal.

A concepção de uma natureza passiva, submetida a leis deterministas, é uma especificidade do Ocidente. Na China e no Japão, "natureza" significa "o que existe por si mesmo". Joseph Needham lembrou-nos a ironia com a qual os letrados chineses receberam a exposição dos triunfos da ciência moderna.[6]

Talvez o grande poeta indiano Tagore também tenha sorrido quando tomou conhecimento da mensagem de Einstein:

> Se a Lua, enquanto efetua o seu eterno curso ao redor da Terra, fosse dotada de consciência de si mesma, estaria profundamente convencida de que se move por sua própria vontade, em função de uma decisão tomada de uma vez por todas. Da mesma forma, um ser dotado de uma percepção superior e de uma inteligência mais perfeita, ao olhar o homem e suas obras, sorriria da ilusão que esse homem tem de agir segundo a sua pró-

---

5 LEIBNIZ, G. F. *Nouveaux essais sur l'entendement humain*. Paris: Garnier-Flammarion, 1966. p.39.

6 NEEDHAM, J. *La science chinoise et l'Occident, le grand titrage*. Paris: Seuil, 1977. (Col. "Point").

pria vontade livre. Esta é a minha convicção, embora saiba que ela não é plenamente demonstrável. Se pensassem até suas últimas consequências o que sabem e o que compreendem, poucos seres humanos permaneceriam insensíveis a esta ideia, na medida em que o amor de si mesmos não os fizesse rebelar-se contra ela. O homem defende-se contra a ideia de que é um objeto impotente no curso do universo. Mas o caráter legal dos eventos, que se afirma de maneira mais ou menos clara na natureza inorgânica, deveria cessar de se verificar ante as atividades de nosso cérebro?[7]

Para Einstein, essa posição era a única compatível com os ensinamentos da ciência. Mas, para nós, essa concepção é tão difícil de aceitar quanto o era para Epicuro. E isto tanto mais que, desde o século XIX, o pensamento filosófico vem interrogando-se cada vez mais sobre a dimensão temporal de nossa existência, como testemunham Hegel, Husserl, William James, Bergson, Whitehead ou Heidegger. Enquanto para os físicos que seguiam Einstein o problema do tempo estava resolvido, para os filósofos ele continuava sendo a questão por excelência, aquela em que estava em jogo a significação da existência humana.

Num de seus últimos livros, *L'univers irrésolu*, escreve Karl Popper: "Considero o determinismo laplaciano – confirmado, como parece estar, pelo determinismo das teorias físicas e pelo brilhante sucesso delas – o obstáculo mais sólido e mais sério no caminho de uma explicação e de uma apologia da liberdade, da criatividade e da responsabilidade humanas."[8] Para Popper, porém, o determinismo não põe somente em causa a liberdade humana. Ele torna impossível o encontro com a realidade, que é a vocação mesma de nosso conhecimento. Popper escreve mais adiante que a realidade do tempo e da mudança sempre foi para ele "o fundamento essencial do realismo".[9]

---

7 Apud DUTTA, K., ROBINSON, A. *Rabindranath Tagore*. London: Bloomsbury, 1995.

8 London: Hutchinson, 1982. p.XVI.

9 Idem, ibid., p.2.

Em "O possível e o real", Henri Bergson pergunta: "De que serve o tempo? ... o tempo é o que impede que tudo seja dado de uma só vez. Ele atrasa, ou antes, ele é o atraso. Deve, pois, ser elaboração. Não seria, então, o veículo de criação e de escolha? A existência do tempo não provaria que há certa indeterminação nas coisas?".[10] Para Bergson, como para Popper, o realismo e o indeterminismo são solidários. Mas essa convicção choca-se com o triunfo da física moderna, com o fato de que o mais fértil e o mais rigoroso dos diálogos que travamos com a natureza desemboca na afirmação do determinismo.

A oposição entre o tempo reversível e determinista da física e o tempo dos filósofos levou a conflitos abertos. Hoje, a tentação é mais a de um recuo, que se traduz por um ceticismo geral quanto ao significado de nossos conhecimentos. Assim, a filosofia pós-moderna defende a "desconstrução". Rorty, por exemplo, convida a transformar os problemas que dividiram a nossa tradição em temas de conversação civilizada. Evidentemente, para ele, as controvérsias científicas, demasiado técnicas, não têm lugar nessa conversação.[11]

Mas o conflito não contrapõe apenas as ciências e a filosofia. Contrapõe a física a todos os nossos outros saberes. Em outubro de 1994, a *Scientific American* dedicou um número especial à "vida no universo". Em todos os níveis, tanto no da cosmologia, da geologia, quanto no da biologia ou da sociedade, o caráter evolutivo da realidade se afirma cada vez mais. Seria de esperar, portanto, que se colocasse a pergunta: como entender esse caráter evolutivo no quadro das leis da física? Ora, um único artigo, escrito pelo célebre físico Weinberg, discute este aspecto. Escreve Weinberg:

---

10 BERGSON, H. Le possible et le réel. In *Oeuvres*. Paris: PUF, Édition du Centenaire, 1970. p.1333.

11 Para uma crítica da atitude desconstrutivista ante as ciências, vide BHASKAR, R. *Philosophy and the Idea of Freedom*. Cambridge: Blackwell, 1991.

O FIM DAS CERTEZAS 23

Seja qual for o nosso desejo de ter uma visão unificada da natureza, não cessamos de nos chocar com a dualidade do papel da vida inteligente no universo ... Por um lado, há a equação de Schrödinger, que descreve de maneira perfeitamente determinista como a função de onda de qualquer sistema evolui no tempo. E depois, de maneira perfeitamente independente, há um conjunto de princípios que nos dizem como utilizar a função de onda para calcular as probabilidades dos diferentes resultados possíveis produzidos por nossas medições.[12]

Nossas medições? Sugere-se, então, que somos nós, com nossas medições, que seríamos os responsáveis pelo que escapa ao determinismo universal, que estaríamos, pois, na origem da evolução cósmica? Este é o ponto de vista defendido também por Stephen Hawking em *Uma breve história do tempo*. Ele expõe nesse livro uma interpretação puramente geométrica da cosmologia: o tempo seria apenas, por assim dizer, um acidente do espaço. Mas Hawking compreende que isso não é suficiente: precisamos de uma flecha do tempo para darmos conta da vida inteligente. E, portanto, como muitos cosmologistas, Hawking se volta para o princípio "antrópico", um princípio pelo menos tão arbitrário quanto o *clinamen* de Epicuro. Realmente, como compreender que um tal princípio possa surgir de um universo geometricamente estático? Ele nos leva de volta diretamente ao dualismo cartesiano. Enquanto Einstein, ao aceitar em nome da unidade da natureza reduzir o homem a um autômato, se referira a Espinosa, os físicos contemporâneos, que querem conservar um homem capaz de ser o observador requerido pela mecânica quântica, fazem intervir um princípio tão alheio à sua própria concepção do universo quanto a *res cogitans* de Descartes o era em relação à *res extensa*.

Em *The Emperor's New Mind*, Roger Penrose escreve que "é a nossa compreensão atualmente insuficiente das leis fundamentais da física que nos impede de exprimir a noção de mente (*mind*) em

---

12 WEINBERG, S. *Scientific American*, v.271, n.4, p.44, outubro de 1994.

termos físicos ou lógicos".[13] Concordo com Penrose: precisamos de uma nova formulação das leis fundamentais da física, mas esta não deve necessariamente descrever a noção de mente, deve primeiro incorporar em nossas leis físicas a dimensão evolutiva, sem a qual estamos condenados a uma concepção contraditória da realidade. Arraigar o indeterminismo e a assimetria do tempo nas leis da física é a resposta que podemos dar hoje ao dilema de Epicuro. Senão, essas leis são incompletas, tão incompletas quanto se ignorassem a gravitação ou a eletricidade.

O objetivo deste livro é apresentar uma formulação da física que satisfaça a essas condições, familiarizar o leitor com uma descrição da natureza que dê seu lugar às leis, mas também à novidade e à criatividade.

No início deste capítulo, mencionamos os pensadores pré--socráticos. Na realidade, os antigos gregos legaram-nos dois ideais que guiaram nossa história: o da inteligibilidade da natureza ou, como escreveu Whitehead, de "formar um sistema de ideias gerais que seja necessário, lógico, coerente, e em função do qual todos os elementos de nossa experiência possam ser interpretados";[14] e o da democracia baseada no pressuposto da liberdade humana, da criatividade e da responsabilidade. Sem dúvida, estamos muito longe da realização destes dois ideais, mas pelo menos podemos doravante concluir que eles não são contraditórios.

II

Acabamos de ressaltar que os problemas do tempo e do determinismo criam uma divisão que valida a ideia das duas culturas de C. P. Snow. No entanto, a física está longe de constituir um

---

13 PENROSE, R. *The Emperor's New Mind*. 20.ed. Oxford: Oxford University Press, 1990. p.4-5.

14 WHITEHEAD, A. N. *Procès et réalité*. Paris: Gallimard, 1995. p.45.

bloco monolítico. Na realidade, o século XIX legou-nos uma dupla herança, com, de um lado, as leis de Newton, que correspondem, como vimos, a um universo estático, mas, de outro, também uma descrição evolutiva associada à entropia.

A entropia é o elemento essencial introduzido pela termodinâmica, a ciência dos processos irreversíveis, ou seja, orientados no tempo. Todos sabem o que é um processo irreversível. Podemos pensar na decomposição radioativa, ou na fricção, ou na viscosidade que desacelera o movimento de um fluido. Todos estes processos têm uma direção privilegiada no tempo, em contraste com os processos reversíveis, como o movimento de um pêndulo sem fricção. Uma substância radioativa, preparada no passado, desaparece no futuro, e a viscosidade torna mais lento o movimento do fluido no futuro. Inversamente, no movimento do pêndulo ideal, não podemos distinguir o futuro do passado. Se permutarmos o futuro, ou seja, "$+t$", com o passado, ou seja, "$-t$", obteremos um movimento pendular tão plausível quanto o primeiro. Enquanto os processos reversíveis são descritos por equações de evolução invariantes em relação à inversão dos tempos, como a equação de Newton na dinâmica clássica e a de Schrödinger na mecânica quântica, os processos irreversíveis implicam uma quebra da simetria temporal.

A natureza apresenta-nos ao mesmo tempo processos irreversíveis e processos reversíveis, mas os primeiros são a regra, e os segundos, a exceção. Os processos macroscópicos, como reações químicas e fenômenos de transporte, são irreversíveis. A radiação solar é o resultado de processos nucleares irreversíveis. Nenhuma descrição da ecosfera seria possível sem os inúmeros processos irreversíveis que nela se desenrolam. Os processos reversíveis, em compensação, correspondem sempre a idealizações: devemos negligenciar a fricção para atribuir ao pêndulo um comportamento reversível, e isto só vale como uma aproximação.

A distinção entre processos reversíveis e irreversíveis é introduzida na termodinâmica pelo conceito de entropia, que Clausius associa, já em 1865, ao "segundo princípio da termodinâmica".[15] Recordemos seu enunciado dos dois princípios da termodinâmica: "A energia do universo é constante. A entropia do universo cresce na direção de um máximo". Contrariamente à energia, que se conserva, a entropia permite estabelecer uma distinção entre os processos reversíveis, em que a entropia permanece constante, e os processos irreversíveis, que produzem entropia.

O crescimento da entropia designa, pois, a direção do futuro, quer no nível de um sistema local, quer no nível do universo como um todo. É por isso que A. Eddington associou-o à flecha do tempo.[16] Curiosamente, porém, essa flecha do tempo não desempenha nenhum papel na formulação das leis fundamentais da física newtoniana. O século XIX legou-nos, portanto, duas visões conflitantes da natureza. Como reconciliá-las? Foi este o problema central do físico vienense Ludwig Boltzmann. É ainda o nosso.

Para Ludwig Boltzmann, o século XIX era o século de Darwin, o século em que a vida foi concebida como o resultado de um processo contínuo de evolução, em que o devir era, assim, posto no centro de nossa compreensão da natureza. E no entanto, para a maior parte dos físicos contemporâneos, o nome de Boltzmann permanece ligado a um resultado muito diferente: ele teria mostrado que a irreversibilidade era apenas uma ilusão. Foi a sua tragédia: tentou realizar na física o que Darwin conseguira na biologia – e fracassou.

De fato, a semelhança entre os procedimentos destes dois gigantes do século XIX é impressionante. Ambos raciocinam sobre populações. Darwin mostrou que é o estudo das populações, em tempos longos, e não o dos indivíduos, que permite

---

15 CLAUSIUS, R. *Ann. Phys.*, v.CXXV, p.353, 1865.
16 EDDINGTON, A. *The Nature of the Physical World*. Ann Arbor: The University of Michigan Press, 1958.

compreender como a variabilidade individual submetida a um processo de seleção gera uma deriva. Da mesma forma, Boltzmann sustentou que não podemos compreender o segundo princípio e o aumento espontâneo de entropia previsto por ele se permanecermos apegados à descrição das trajetórias dinâmicas individuais. As inúmeras colisões no interior de uma população de partículas é que produzem a deriva global que o aumento de entropia descreve.

Em 1872, Boltzmann publicou o seu "teorema – $\mathcal{H}$", que propõe um análogo microscópico da entropia, a função $\mathcal{H}$. O teorema de Boltzmann põe em cena a maneira como as colisões, a cada instante, modificam a distribuição das velocidades no interior de uma população de partículas. Demonstra que essas colisões têm como efeito diminuir o valor dessa função $\mathcal{H}$ até um mínimo, que corresponde ao que chamamos de distribuição de equilíbrio de Maxwell-Boltzmann: nesse estado, as colisões não modificam mais a distribuição das velocidades na população, e a grandeza $\mathcal{H}$ permanece constante. Em outras palavras, as colisões entre as partículas aparecem como o mecanismo microscópico que leva o sistema ao equilíbrio.

Em nossos livros anteriores, *A nova aliança* e *Entre o tempo e a eternidade*, descrevemos o drama de Boltzmann, e a interpretação probabilista pela qual teve de se decidir. Neles enunciamos os paradoxos de Loschmidt e de Zermelo, que o levaram a renunciar ao vínculo entre colisões e irreversibilidade. O papel das colisões, teve ele de concluir, é só aparente, ligado ao fato de que estudamos a distribuição das velocidades no interior de uma população, e não a trajetória individual de cada partícula. A partir daí, o estado de equilíbrio não seria nada mais do que o estado macroscópico mais provável. Sua definição seria relativa a seu caráter macroscópico, aproximado. Em outras palavras, a irreversibilidade não traduziria uma propriedade fundamental da natureza, seria apenas uma consequência do caráter aproximado, macroscópico, da descrição boltzmanniana.

Mais do que voltar a essa história, contentar-me-ei em sublinhar um aspecto espantoso. Depois de mais de um século, durante o qual a física sofreu extraordinárias mutações, a interpretação da irreversibilidade como aproximação é apresentada pela maioria dos físicos contemporâneos como óbvia. E o que é mais, o fato de que seríamos, então, responsáveis pelo caráter evolutivo do universo não é explicitado. Pelo contrário, uma primeira etapa do raciocínio que deve levar o leitor a aceitar o fato de que a irreversibilidade não passa de uma consequência de nossas aproximações continua consistindo em apresentar as consequências do segundo princípio como evidentes, ou até triviais. Eis aqui, por exemplo, como Murray Gell-Mann se exprime em *The Quark and the Jaguar*:[17]

> A explicação [da irreversibilidade] é que há mais maneiras de os pregos ou as moedas se misturarem do que de serem triados. Há mais maneiras de os potes de manteiga e de doces serem contaminados um pelo outro do que de permanecerem puros. E há mais maneiras de as moléculas de um gás de oxigênio e de nitrogênio se misturarem do que de se separarem. Na medida em que se deixam as coisas evoluírem ao acaso, pode-se prever que um sistema fechado, caracterizado por alguma ordem inicial, evoluirá para a desordem, que oferece tantas possibilidades a mais. Como devem essas possibilidades ser contadas? Um sistema completamente fechado, descrito de maneira exata, pode achar-se num grande número de estados distintos, não raro chamados de "microestados". Na mecânica quântica, estes são os estados quânticos possíveis do sistema. São agrupados em categorias (às vezes chamadas de macroestados), conforme propriedades estabelecidas por uma descrição grosseira (*coarse grained*). Os microestados que correspondem a um dado macroestado são tratados como equivalentes, o que faz com que só conte o seu número.

E conclui Gell-Mann:

---

17 GELL-MANN, M. *The Quark and the Jaguar*. London: Little Brown and Co., 1994. p.218-20.

O FIM DAS CERTEZAS 29

A entropia e a informação estão estreitamente ligadas. Na realidade, a entropia pode ser considerada uma medida da ignorância. Quando sabemos apenas que um sistema está num dado macroestado, a entropia do macroestado mede o grau de ignorância acerca do microestado do sistema, contando o número de *bits* de informação adicional que seria necessário para especificá-lo, sendo todos os microestados no macroestado considerados igualmente prováveis.

Citei longamente Gell-Mann, mas o mesmo tipo de apresentação da flecha do tempo aparece na maior parte dos trabalhos. Ora, essa interpretação, que implica que nossa ignorância, o caráter grosseiro de nossas descrições, sejam responsáveis pelo segundo princípio e, portanto, pela flecha do tempo, é insustentável. Ela nos força a concluir que o mundo pareceria perfeitamente simétrico no tempo para um observador bem informado, como o demônio imaginado por Maxwell, capaz de observar os microestados. Nós seríamos os pais do tempo, e não os filhos da evolução. Mas como explicar, então, que as propriedades dissipativas, como os coeficientes de difusão ou os tempos de relaxação, sejam bem definidos, seja qual for a precisão de nossas experiências? Como explicar o papel construtivo da flecha do tempo, que evocamos mais acima?

O ponto de vista apresentado neste livro é diferente. As leis da física, em sua formulação tradicional, descrevem um mundo idealizado, um mundo estável e não o mundo instável, evolutivo, em que vivemos. Este ponto de vista força-nos a reconsiderar a validade das leis fundamentais, clássicas e quânticas. Em primeiro lugar, nossa recusa da banalização da irreversibilidade funda-se no fato de que, mesmo na física, a irreversibilidade não pode mais ser associada apenas a um aumento da desordem. Muito pelo contrário, os desenvolvimentos recentes da física e da química de não equilíbrio mostram que a flecha do tempo pode ser uma fonte de ordem. Já era assim em casos clássicos simples, como a difusão térmica. Evidentemente, as moléculas, por exemplo, de hidrogênio e de nitrogênio dentro de uma caixa fechada evoluirão para uma mistura uniforme. Mas aqueçamos uma parte da caixa e esfriemos a outra. O sistema evolui, então, para um estado estacionário em que a concentração do hidrogênio é mais alta na parte quente, e a de nitrogênio, na parte fria. A entropia produzida pelo fluxo de calor, que é um fenômeno irreversível, destrói a homogeneidade da mistura. Trata-se, pois, de um processo gerador de ordem, um processo que seria impossível sem o fluxo de calor. A irreversibilidade leva ao mesmo tempo à desordem e à ordem.

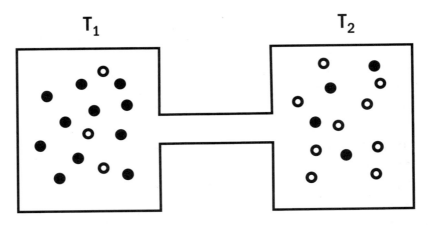

FIGURA 1.1 – Por causa da diferença de temperatura entre os dois recintos, as moléculas "negras" têm uma concentração mais elevada no da esquerda (difusão térmica).

Longe do equilíbrio, o papel construtivo da irreversibilidade torna-se ainda mais impressionante. Ela cria, ali, novas formas de coerência. Voltaremos a tratar da física longe do equilíbrio e dos conceitos de auto-organização e de estrutura dissipativa ao longo do capítulo 2. Retenhamos aqui o fato de podermos afirmar, hoje, que é graças aos processos irreversíveis associados à flecha do tempo que a natureza realiza suas estruturas mais delicadas e mais complexas. A vida só é possível num universo longe do equilíbrio. O desenvolvimento notável da física e da química de não equilíbrio nestas últimas décadas reforça, portanto, as conclusões apresentadas em A *nova aliança*:[18]

1 Os processos irreversíveis (associados à flecha do tempo) são tão *reais* quanto os processos reversíveis descritos pelas leis tradicionais da física; não podem ser interpretados como aproximações das leis fundamentais.

2 Os processos irreversíveis desempenham um papel *construtivo* na natureza.

3 A irreversibilidade exige uma extensão da dinâmica.

Uma extensão da dinâmica? Eis aí um enunciado muito forte, que pode facilmente ser mal interpretado. Não se trata de sugerir que termos novos sejam acrescentados às equações da dinâmica. A aplicação da dinâmica tal como existe a situações simples (por exemplo, o movimento da Lua na mecânica clássica, o átomo de hidrogênio na mecânica quântica) teve um sucesso brilhante. Não se trata, pois, de simplesmente acrescentar termos que viriam, como o *clinamen* de Epicuro, romper a simetria das equações. O que mostraremos é que as situações em que esperamos encontrar uma quebra de simetria no tempo são também aquelas que requerem uma nova formulação da dinâmica. Como veremos, elas correspondem a comportamentos dinâmicos *instáveis*. É pela extensão da dinâmica a sistemas instáveis e caóticos que se torna possível superar a contradição entre as leis reversíveis da dinâmica e a descrição evolucionista associada à entropia. Mas não queremos ir rápido demais.

Há dois séculos, Lagrange descrevia a mecânica analítica, em que as leis do movimento newtoniano encontravam sua

---

18 PRIGOGINE, I., STENGERS, I. *La nouvelle alliance*. Paris: Gallimard, 1979.

formulação rigorosa, como um ramo das matemáticas.[19] Ainda hoje, muitas vezes se fala de "mecânica racional", o que significaria que as leis newtonianas exprimiriam as leis da "razão" e poderiam, assim, pretender-se uma verdade imutável. Sabemos que não é nada disso, pois vimos nascer a mecânica quântica e a relatividade. Mas, hoje, é à mecânica quântica que somos tentados a atribuir uma verdade absoluta. Gell-Mann escreve em *The Quark and the Jaguar* que "a mecânica quântica não é em si mesma uma teoria; é antes o quadro no qual deve entrar toda teoria física contemporânea".[20] É este realmente o caso? Como meu saudoso amigo Léon Rosenfeld não se cansava de ressaltar, toda teoria se funda em conceitos físicos associados a idealizações que tornam possível a formulação matemática dessas teorias; é por isso que "nenhum conceito físico é suficientemente definido sem que sejam conhecidos os limites de sua validade",[21] limites que provêm das próprias idealizações que o fundamentam.

Começamos a perceber os limites de validade dos conceitos fundamentais da física, como as trajetórias na mecânica clássica ou as funções de onda na mecânica quântica. Eles estão ligados a noções como a instabilidade e o caos, que apresentaremos brevemente na seção seguinte. A consideração desses conceitos leva a uma nova formulação das leis da natureza, uma formulação que, como já mencionei, não mais se assenta em certezas, como as leis deterministas, mas avança sobre possibilidades. Além disso, essa formulação probabilista destrói a simetria temporal e permite, portanto, que o caráter evolutivo do universo se exprima na estrutura das leis fundamentais da física. Lembremo-nos do

---

19 LAGRANGE, J.-L. *Théorie des fonctions analytiques*. Paris: Imprimerie de la République, 1796.
20 Op. cit., 1994, p.6.
21 ROSENFELD, L. Considérations non philosophiques sur la causalité. In *Théories de la causalité*. Paris: PUF, 1971. p.137.

ideal de inteligibilidade formulado por Whitehead (seção I): que todos os elementos de nossa experiência possam ser incluídos num sistema coerente de ideias gerais. Progredindo no programa inaugurado por Boltzmann há mais de um século, a física deu um passo nessa direção.

III

A diferença entre sistemas estáveis e instáveis é-nos familiar. Tomemos um pêndulo e estudemos seu movimento, levando em conta a existência de uma fricção. Suponhamo-lo, a princípio, imóvel no equilíbrio. Sabemos que sua energia potencial apresenta ali seu valor mínimo. Uma pequena perturbação será seguida de um retorno ao equilíbrio. O estado de equilíbrio do pêndulo é estável. Em compensação, se conseguirmos fazer que um lápis fique de pé sobre sua ponta, o equilíbrio será instável. A menor perturbação o fará cair para um lado ou para o outro. Há uma distinção fundamental entre os movimentos estáveis e os instáveis. Em suma, os sistemas dinâmicos estáveis são aqueles em que pequenas modificações das condições iniciais produzem pequenos efeitos. Mas para uma classe muito extensa de sistemas dinâmicos, essas modificações se amplificam ao longo do tempo. Os sistemas caóticos são um exemplo extremo de sistema instável, pois as trajetórias que correspondem a condições iniciais tão próximas quanto quisermos divergem de maneira exponencial ao longo do tempo. Fala-se, então, de "sensibilidade às condições iniciais", tal como a ilustra a famosa parábola do "efeito borboleta": a batida de asas de uma borboleta na bacia amazônica pode afetar o tempo que fará nos Estados Unidos. Veremos exemplos de sistemas caóticos nos capítulos 3 e 4.

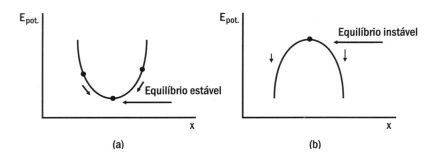

FIGURA 1.2 – (a) Equilíbrio estável; (b) Equilíbrio instável.

Fala-se com frequência de "caos determinista". De fato, as equações de sistemas caóticos são deterministas, como o são as leis de Newton. E, no entanto, geram comportamentos de aspecto aleatório! Esta descoberta surpreendente renovou a dinâmica clássica, até então considerada um tema encerrado. Os sistemas descritos pela lei de Newton não seriam, pois, todos semelhantes. Evidentemente, sabia-se que o cálculo da trajetória de uma pedra que cai é mais fácil do que o de um sistema de três corpos, por exemplo, o Sol, a Terra e a Lua. Mas julgava-se que se estava diante de um mero problema técnico. Somente no fim do século XIX, Poincaré mostrou que os problemas são fundamentalmente diferentes conforme se trate de um sistema dinâmico estático ou não. Já o problema de três corpos entra na categoria dos sistemas instáveis. Todavia, foi preciso aguardar as últimas décadas para que a descoberta de Poincaré assumisse todo o seu alcance.

Acabamos de mencionar os sistemas caóticos. Existem outros tipos de instabilidade. Voltaremos a falar sobre isto. O objetivo desta seção é indicar em termos qualitativos o caminho que leva da instabilidade à extensão das leis da dinâmica. O estado inicial é representado pelas posições q e as velocidades v, ou os momentos p (para simplificarmos a notação, utilizamos aqui uma única letra, mesmo quando consideramos um sistema formado por um grande número de partículas, tendo cada uma uma posição e uma velocidade). Quando posições e velocidades são conhecidas, a trajetória pode ser determinada a partir da lei de Newton ou de qualquer outra formulação equivalente da dinâmica. O estado dinâmico inicial pode ser representado por um ponto de coordenadas q_0, p_0 no *espaço das fases*.

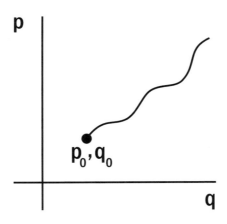

FIGURA 1.3 – O estado dinâmico é representado por um ponto do espaço das fases q, p. A evolução no tempo é representada por uma trajetória que parte do ponto inicial q_0, p_0.

Em vez de considerar um único sistema, podemos estudar uma coleção deles, um "conjunto", segundo o termo utilizado desde o trabalho pioneiro de Gibbs e de Einstein no início deste século. Um conjunto é representado por uma nuvem de pontos no espaço das fases. Essa nuvem é descrita por uma função ρ (q, p, t), cuja interpretação física é simples: é a *distribuição de probabilidade*, que descreve a densidade dos pontos da nuvem dentro do espaço das fases. O caso particular de um único sistema corresponde, então, à situação em que ρ tem um valor nulo em todo o espaço das fases, exceto num ponto único q_0, p_0.

Este caso corresponde a uma forma especial de ρ: as funções que têm a propriedade de se anular em toda parte menos num só ponto, grafado como x_0, são chamadas "funções de Dirac" $\delta(x - x_0)$. Uma tal função $\delta(x - x_0)$ é, portanto, nula para todo ponto x diferente de x_0. Voltaremos a tratar das funções delta mais adiante. Sublinhemos agora que elas pertencem a uma classe de funções generalizadas ou de distribuições (não confundir com as distribuições de probabilidade). De fato, elas têm propriedades anormais em relação às funções regulares, pois quando $x = x_0$, a função $\delta(x - x_0)$ diverge, ou seja, tende ao infinito. Ressaltemos desde já que este tipo de função só pode ser utilizado em conjunção com funções regulares, as funções teste $\varphi(x)$. A necessidade de introduzir uma função teste desempenhará um papel crucial na extensão da dinâmica que vamos descrever. Limitemo-nos a ressaltar a inversão de perspectiva que aqui se esboça: enquanto a descrição de um sistema individual parece intuitivamente a situação primeira, ela se torna, quando se parte dos conjuntos, um caso particular, que implica a introdução de uma função de propriedades singulares.

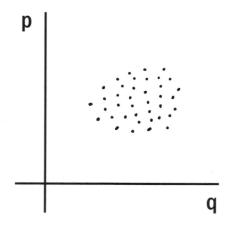

FIGURA 1.4 – Conjunto de Gibbs, representado por uma nuvem de pontos que correspondem a condições iniciais diferentes.

Para Gibbs e Einstein, porém, a teoria dos conjuntos era apenas um instrumento de cálculo cômodo quando as condições iniciais não eram conhecidas. Deste ponto de vista, as probabilidades traduzem nossa ignorância, nossa falta de informação. Era evidente que, na dinâmica, o estudo das trajetórias individuais e o das distribuições de probabilidade davam no mesmo. Podemos partir das trajetórias individuais e obter a evolução das funções de probabilidade e reciprocamente. A probabilidade corresponde simplesmente a uma superposição de trajetórias e não leva a nenhuma propriedade nova. Os dois níveis de descrição, o nível individual (correspondente a trajetórias únicas) e o nível estatístico (correspondente a probabilidades) seriam equivalentes.

Será este realmente o caso, sempre? Para os sistemas estáveis, em que a questão da irreversibilidade não se coloca, Gibbs e Einstein tinham razão, os pontos de vista individual e estatístico são equivalentes. Isto pode ser facilmente verificado, e voltaremos a isso no capítulo 5. Mas que dizer dos sistemas instáveis? Como é que todas as teorias que dizem respeito aos processos irreversíveis, como a teoria cinética de Boltzmann, tratam de probabilidades e não de trajetórias? Estará a única razão disso ligada às nossas aproximações, ao caráter grosseiro (*coarse grained*) de nossas descrições? Mas, então, como explicar o bom êxito da teoria cinética, suas predições quantitativamente verificadas pela experiência? Assim, a teoria cinética permite calcular as propriedades quantitativas de fenômenos como a condutividade térmica e a difusão dos gases diluídos, e esses cálculos são rigorosamente verificados pela experiência.

Henri Poincaré ficou tão impressionado com esse sucesso da teoria cinética que escreveu: "Talvez a teoria cinética dos gases é que vá se desenvolver e servir de modelo para as outras ... A lei física, então, assumiria um aspecto inteiramente novo ... teria o caráter de uma estatística."[22] Como veremos, esta frase era

---

22 POINCARÉ, H. *La valeur de la science*. Paris: Flammarion, 1913. p.210.

profética. A noção de probabilidade introduzida empiricamente por Boltzmann foi um lance de audácia imensamente fértil. Mais de um século depois, estamos começando a compreender como ela emerge da dinâmica por meio da instabilidade: esta última destrói a equivalência entre o nível individual e o nível estatístico, de sorte que as probabilidades ganham, então, um significado intrínseco, irredutível a uma interpretação em termos de ignorância ou de aproximação. É o que meu colega B. Misra e eu ressaltamos, ao introduzirmos a expressão "intrinsecamente aleatório".

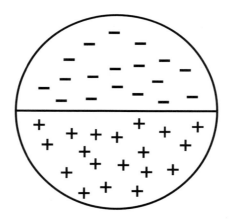

FIGURA 1.5 — Sistema dinâmico estável: os movimentos indicados por + e por – pertencem a regiões distintas do espaço das fases.

Para explicar o que entendemos por isso, tomemos um exemplo simplificado de caos. Suponhamos que temos dois tipos de movimentos indicados por + e por – (por exemplo, um movimento para cima e outro para baixo). Consideremos o espaço das fases na Figura 1.4. Temos as duas situações representadas pelas Figuras 1.5 e 1.6. Na primeira, o espaço das fases compreende duas regiões distintas, uma correspondente ao movimento +, a outra ao movimento –. Se desdenharmos a região de fronteira, cada − é cercado de outros −, e cada +, de outros +. Este caso corresponde a um sistema estável. Pequenas modificações das condições iniciais não mudarão o resultado. Em contrapartida, na Figura 1.6, há movimentos − na vizinhança de cada + e reciprocamente. A menor mudança nas condições iniciais será amplificada. O sistema é instável. Uma primeira consequência desta instabilidade, e da sensibilidade às condições iniciais que dela resulta, é que a trajetória se torna uma *idealização*. Com efeito, é impossível para nós prepararmos um sistema de tal sorte que possamos atribuir-lhe uma trajetória bem determinada, pois uma tal preparação deveria ter uma precisão infinita. O caráter finito da preparação do estado inicial de um sistema, o fato de que podemos preparar somente sistemas caracterizados por uma distribuição de probabilidade concentrada numa pequena região finita do espaço das fases e não por uma situação inicial representável por um ponto único, não tem consequências para os sistemas estáveis. Para os sistemas instáveis representados pela Figura 1.6, ele tem como consequência a impossibilidade de preparar o sistema de tal maneira que ele siga a trajetória + e não −, ou a trajetória − e não +.

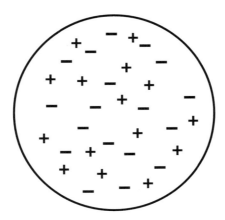

FIGURA 1.6 − Sistema dinâmico instável: cada movimento + está rodeado de movimentos − e reciprocamente.

Tem esta impossibilidade apenas um caráter prático? Sim, se devêssemos limitar-nos a reconhecer que as trajetórias se tornam não calculáveis. Mas há algo mais: a distribuição de probabilidades permite-nos incorporar no quadro da descrição dinâmica a microestrutura complexa do espaço das fases. Ela contém, portanto, uma informação *adicional*, que se perde na descrição das trajetórias individuais. Como veremos no capítulo 4, este é um ponto fundamental: a descrição probabilista é mais rica que a descrição individual, que, no entanto, sempre foi considerada a descrição fundamental. Esta é a razão pela qual obteremos no nível das distribuições de probabilidade ρ uma descrição dinâmica que permite predizer a evolução do conjunto. Podemos, assim, obter as escalas de tempo características que correspondem à aproximação do equilíbrio das funções de distribuição, o que é impossível no nível das trajetórias individuais. A equivalência entre o nível individual e o nível estatístico é totalmente destruída. Chegamos, para as distribuições de probabilidade, a soluções novas *irredutíveis*, no sentido de que não se aplicam às trajetórias individuais. As "leis do caos" associadas a uma descrição regular e preditiva dos sistemas caóticos se situam no nível estatístico. É o que entendíamos quando falávamos na seção precedente de uma "generalização da dinâmica". Trata-se de uma formulação da dinâmica no nível estatístico que não tem equivalente em termos de trajetórias. Isto nos leva a uma situação nova. As condições iniciais não podem mais ser assimiladas a um ponto no espaço das fases, elas correspondem a uma região descrita por uma distribuição de probabilidade. Trata-se, portanto, de uma descrição *não local*. Além disso, como veremos, a simetria em relação ao tempo é quebrada, pois, na formulação estatística, o passado e o futuro desempenham papéis diferentes. Evidentemente, quando consideramos sistemas estáveis, a descrição estatística reduz-se à descrição usual.

Poderíamos perguntar-nos por que foi preciso tanto tempo para chegar a uma generalização das leis da natureza que incluísse a irreversibilidade e as probabilidades. Uma das razões para tanto é certamente de ordem ideológica: é o desejo de alcançar um ponto de vista quase divino sobre a natureza. Mas havia também um problema de técnica matemática. Nosso trabalho tem como base progressos recentes em análise funcional. Como veremos, a formulação ampliada da dinâmica implica um espaço funcional extenso. Uma formulação estatística das leis da natureza requer um novo arsenal matemático, em que as funções generalizadas, os "fractais", como Mandelbrot os chamou,[23] desempenham um papel importante. Este desenvolvimento é, pois, um novo exemplo do diálogo fecundo entre física e matemáticas.

Que acontece com o demônio de Laplace no mundo descrito pelas leis do caos? O caos determinista ensina-nos que ele só poderia predizer o futuro se conhecesse o estado do mundo com uma precisão infinita. Mas agora podemos ir mais longe, pois existe uma forma de instabilidade dinâmica ainda mais forte, tal que as trajetórias são destruídas *seja qual for a precisão da descrição*. Este tipo de instabilidade é de importância fundamental, pois se aplica, como veremos, tanto à dinâmica clássica quanto à mecânica quântica. Ele é central em todo este livro. Mais uma vez, nosso ponto de partida é o trabalho fundamental de Henri Poincaré no final do século XIX.[24]

Já vimos que Poincaré estabelecera uma distinção fundamental entre sistemas estáveis e sistemas instáveis. Mas há algo mais. Introduziu a noção crucial de "sistema dinâmico não integrável". Mostrou que a maior parte dos sistemas dinâmicos era não integrável. Tratava-se, à primeira vista, de um resultado negativo, por muito tempo considerado um simples problema de técnica matemática. Contudo, como veremos, esse resultado exprime

---

23 MANDELBROT, B. *The Fractal Geometry of Nature*. San Francisco: J. Wiley, 1982.

24 POINCARÉ, H. *Les méthodes nouvelles de la mécanique céleste*. Paris: Gauthier-Villars, 1893 (Dover, 1957).

a condição *sine qua non* de toda possibilidade de articular de maneira coerente a linguagem da dinâmica a este mundo em devir que é o nosso.

Que é, na realidade, um sistema integrável no sentido de Poincaré? Todo sistema dinâmico pode ser caracterizado por uma energia cinética, que depende apenas da velocidade dos corpos que o compõem, e por uma energia potencial, que depende da interação entre esses corpos, isto é, de suas distâncias relativas. Um caso particularmente simples é o de partículas livres, sem interações mútuas. Neste caso, não há energia potencial e o cálculo da trajetória torna-se trivial. Um tal sistema é integrável no sentido de Poincaré. Pode-se mostrar que todo sistema dinâmico integrável pode ser representado como se fosse constituído de corpos desprovidos de interações. No capítulo 5, voltaremos a tratar do formalismo hamiltoniano, que permite este tipo de transformação. Limitamo-nos aqui a apresentar a definição da integrabilidade enunciada por Poincaré: um sistema dinâmico integrável é um sistema cujas variáveis podem ser definidas de tal maneira que a energia potencial seja eliminada, ou seja, de tal maneira que seu comportamento se torne isomorfo ao de um sistema de partículas livres, sem interação. Poincaré mostrou que, em geral, tais variáveis não podem ser obtidas. Com isso, em geral, os sistemas dinâmicos são não integráveis.

Se a demonstração de Poincaré tivesse levado a um resultado diferente, se ele tivesse podido mostrar que todos os sistemas dinâmicos eram integráveis, estaria excluído lançar uma ponte entre o mundo dinâmico e o mundo dos processos que observamos. Num mundo isomorfo a um conjunto de corpos sem interação, não há lugar para a flecha do tempo, nem para a auto--organização, nem para a vida. Mas Poincaré não só demonstrou que a integrabilidade se aplica apenas a uma classe reduzida de sistemas dinâmicos, como também identificou a razão do caráter excepcional dessa propriedade: *a existência de ressonâncias entre os graus de liberdade do sistema*. Com isso, ele identificou o problema a partir do qual se torna possível uma formulação ampliada da dinâmica.

A noção de ressonância caracteriza uma relação entre frequências. Um exemplo simples de frequência é o do oscilador harmônico, que descreve o comportamento de uma partícula ligada a um centro por uma força proporcional à distância: se afastarmos a partícula do centro, ela oscilará com uma frequência bem definida. Consideremos, agora, o caso mais familiar de oscilador, o da mola que, afastada de sua posição de equilíbrio, vibra com uma frequência característica. Submetamos uma tal mola a uma força exterior, caracterizada também ela por uma frequência que podemos fazer variar. Observamos, então, um fenômeno de acoplamento entre duas frequências. A ressonância produz-se quando as duas frequências, a da mola e a da força exterior, correspondem a uma razão numérica simples (uma das frequências é igual a um múltiplo inteiro da outra). A amplitude da vibração do pêndulo aumenta, então, consideravelmente. O mesmo fenômeno acontece na música, quando tocamos uma nota num instrumento. Ouvimos os harmônicos. A ressonância "acopla" os sons.

As frequências, e em particular a questão de sua ressonância, estão no centro da descrição dos sistemas dinâmicos. Cada um dos graus de liberdade de um sistema dinâmico é caracterizado por uma frequência. O valor das diferentes frequências depende, em geral, do ponto do espaço das fases. Consideremos um sistema com dois graus de liberdade, caracterizado pelas frequências ω_1 e ω_2. Por definição, em cada ponto do espaço das fases em que a soma $n_1\omega_1 + n_2\omega_2$ se anula para valores inteiros, não nulos de n_1 e n_2, temos ressonância, pois num tal ponto $n_1/n_2 = -\omega_2/\omega_1$. Ora, o cálculo da trajetória desses sistemas faz uso de denominadores do tipo $1/n_1\omega_1 + n_2\omega_2$, que divergem, portanto, nos pontos de ressonância, o que torna impossível esse cálculo. Este é o problema dos pequenos divisores, já ressaltado por Le Verrier. O que Poincaré mostrou foi que as ressonâncias e os denominadores perigosos que lhes correspondem constituíam um obstáculo *incontornável* que se opunha à integração da maioria dos sistemas dinâmicos.

Compreendera Poincaré que seu resultado levava ao que chamou de "problema geral da dinâmica", mas esse problema foi desdenhado durante muito tempo. Escreveu Max Born: "Seria realmente notável que a Natureza tivesse encontrado um meio de resistir ao progresso do conhecimento, escondendo-se por trás do muro das dificuldades analíticas do problema de n-corpos."[25] O obstáculo identificado por Poincaré bloqueava, sem dúvida, o caminho que levava das equações do movimento à construção das trajetórias que constituíam a sua solução, mas esse obstáculo não parecia pôr em questão a estrutura conceitual da dinâmica: todo sistema dinâmico deve realmente seguir uma trajetória, solução de suas equações, independentemente do fato de que possamos construí-la ou não.

Hoje, nossa perspectiva mudou profundamente. Para nós, as divergências de Poincaré não são um obstáculo que traduza, parafraseando Born, uma resistência frustrante da parte da natureza, mas sim uma oportunidade, a possibilidade de um novo ponto de partida. De fato, podemos doravante ir além do resultado negativo de Poincaré e mostrar que a não integrabilidade abre, como os sistemas caóticos, o caminho para uma formulação estatística das leis da dinâmica. Este resultado tornou-se possível pelas pesquisas que agora são associadas à renovação da dinâmica, iniciada, sessenta anos depois de Poincaré, com o trabalho de Kolmogorov, continuado por Arnold e Moser (a teoria KAM).

As ressonâncias de Poincaré desempenham um papel fundamental na física. A absorção e a emissão da luz devem-se a ressonâncias. A aproximação do equilíbrio da parte de um sistema de

---

25 BORN, M. *The Classical Mechanics of Atom.* New York: Ungar, 1960, apud TABOR, M. *Chaos and Integrability in Nonlinear Dynamics.* New York: John Wiley, 1969. p.105.

partículas em interação é, como veremos, devida a ressonâncias. Os campos em interação criam, também, ressonâncias. É difícil citar um problema importante na física quântica ou clássica em que as ressonâncias não desempenhem um papel. O fato de poder superar o obstáculo que elas opõem à descrição dinâmica dos sistemas pode, pois, com razão, ser considerado uma ampliação da dinâmica, uma extensão que escapa ao modelo estático e determinista aplicável aos sistemas dinâmicos integráveis. Como veremos, esta extensão é essencial para se chegar a uma concepção realista dos processos quânticos, ou seja, livre do problema do observador. Apresentemos um breve apanhado do caminho que leva da teoria KAM a essa ampliação da dinâmica.

Essa teoria estuda a influência das ressonâncias sobre as trajetórias. Como vimos, as frequências dependem, em geral, das variáveis dinâmicas e assumem valores diferentes nos diferentes pontos do espaço das fases. Consequentemente, certos pontos desse espaço serão caracterizados por ressonâncias, e outros não. Correlativamente, observamos dois tipos de trajetórias, trajetórias normais, deterministas, e trajetórias aleatórias associadas às ressonâncias, que erram pelo espaço das fases. A teoria KAM descreve a maneira como se transforma a topologia do espaço das fases para um valor crescente da energia. A partir de um valor crítico, o comportamento do sistema torna-se caótico: trajetórias vizinhas divergem ao longo do tempo. No caso do caos plenamente desenvolvido, observamos fenômenos de difusão, a evolução para uma dispersão uniforme em todo o espaço das fases. Ora, os fenômenos de difusão são fenômenos irreversíveis: a difusão corresponde a uma aproximação da uniformidade no futuro e produz entropia. Como explicar que, partindo da dinâmica, possamos observar uma evolução irreversível, portanto de simetria temporal quebrada? Como traduzir em termos dinâmicos a regularidade que caracteriza um tal comportamento aleatório, caótico no nível individual das trajetórias? Este é o problema chave que temos de resolver para superarmos o paradoxo do tempo.

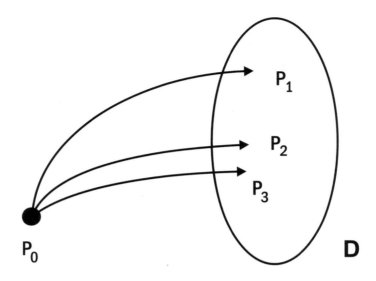

FIGURA 1.7 – Movimento difuso: depois de um tempo τ o sistema pode ser achado em qualquer ponto P_1, P_2, P_3 do domínio D.

É preciso, pois, distinguir o nível individual (as trajetórias) e o nível estatístico (os conjuntos) descrito por uma distribuição de probabilidade ρ. As divergências devidas às ressonâncias relacionam-se com o nível estatístico (vide capítulos 5 e 6). Como vimos, as ressonâncias levam a um acoplamento entre eventos (pensem no acoplamento entre dois sons). As ressonâncias eliminadas no nível estatístico levam à formulação de uma teoria não newtoniana, incompatível com a descrição em termos de trajetórias. Isto não é tão espantoso assim: ressonância e acoplamento entre eventos não acontecem num ponto e num instante. Implicam uma descrição não local, que não pode ser incorporada na definição dinâmica usual em termos de pontos individuais e de trajetórias no espaço das fases. Essa formulação permite, em compensação, obter um movimento difusivo no espaço das fases. Ela permite, com efeito, associar a um ponto inicial P_0 desse espaço, não um ponto P_τ que poderia ser predito com certeza como o estado do sistema depois de um tempo de evolução τ, mas um domínio D dentro do qual cada ponto tem uma probabilidade não nula de representar o sistema. Cada ponto é caracterizado por uma probabilidade de transição bem definida. Chegamos, assim, a um quadro puramente dinâmico, a uma representação análoga de maneira impressionante à difusão associada ao movimento browniano. No caso mais simples, este corresponde a uma partícula que efetua uma transição de uma unidade de intervalos regulares de tempo para uma rede de uma dimensão. No movimento browniano, a cada transição, o deslocamento pode dar-se para a direita ou para a esquerda, com uma probabilidade de transição 1/2. A cada transição, o futuro é, portanto, incerto. Contudo, no nível estatístico, o modelo fornece um comportamento regular bem definido, correspondente a uma difusão. Esta é um fenômeno orientado no tempo, pois, se partimos de uma nuvem concentrada de pontos na origem, essa nuvem se dispersará com o tempo, com alguns pontos se reencontrando longe da origem, e outros perto.

É notável que, partindo das equações deterministas da dinâmica clássica, e não de um modelo de movimento browniano em que as probabilidades de transição são dadas, podemos mostrar que as ressonâncias fazem aparecer termos difusivos. No nível estatístico, as ressonâncias acarretam a ruptura do determinismo, introduzem a incerteza no contexto da mecânica clássica e quebram a simetria do tempo. Evidentemente, quando estamos diante de um sistema integrável, não há termo difusivo, e voltamos a uma descrição em termos de trajetórias, mas esse tipo de descrição passa a corresponder apenas a um caso particular: em geral, as leis da dinâmica devem ser formuladas em termos de probabilidades. Durante séculos, as trajetórias foram consideradas como os objetos fundamentais da física clássica: elas se mostram agora como detentoras de uma validade limitada.

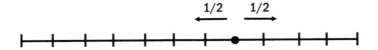

FIGURA 1.8 – Movimento browniano numa rede de uma dimensão: a cada transição, as probabilidades respectivas de ir para a esquerda ou para a direita são iguais a 1/2.

Resta a questão fundamental: em que situações podemos esperar ter o aparecimento de termos difusivos? Em outras palavras, quais são os limites de validade da descrição newtoniana, em termos de trajetórias, ou da descrição quântica, em termos de função de onda? Desenvolveremos a resposta a estas questões no capítulo 5 e, no que diz respeito à mecânica quântica, no capítulo 6. Indiquemos desde já o tipo de resposta que daremos. Quando se trata de interações *transitórias* (por exemplo, um feixe de partículas que entra em colisão com um alvo e depois continua seu movimento livre), os termos difusivos são desdenháveis. Voltamos a cair na física newtoniana das trajetórias. Em compensação, nas interações *persistentes*, como no caso de um fluxo contínuo de partículas que caem sobre um alvo, os fenômenos difusivos tornam-se dominantes. Nas simulações em computador, como no mundo real, podemos realizar essas duas situações e, portanto, pôr à prova nossas predições teóricas. Os resultados mostram sem ambiguidade o aparecimento de termos difusivos no caso de interações persistentes e, portanto, o desmoronamento da descrição newtoniana.

Mas existe um segundo caso, ainda mais notável. Os sistemas macroscópicos são geralmente definidos em termos do que chamamos de "limite termodinâmico", que corresponde ao limite em que, ao mesmo tempo, o número N de partículas e o volume V do recinto tendem ao infinito, continuando a ser finita a relação entre eles. O limite termodinâmico não é uma mera aproximação prática, que assinala o fato de que desistimos de acompanhar o comportamento individual das partículas. É uma condição essencial da articulação entre a descrição dinâmica em termos de partículas em interação e as propriedades observáveis da matéria, como as transições de fase. A passagem do líquido ao gás ou a do sólido ao líquido só são bem definidas no limite termodinâmico. Ora, como veremos, esse limite corresponde precisamente às condições de aparecimento de uma descrição probabilista irredutível, o que está bem de acordo com a observação: de fato, é na física macroscópica que a irreversibilidade e as probabilidades se impõem com maior evidência.

A existência das transições de fase traduz, portanto, uma propriedade emergente, irredutível a uma descrição em termos de comportamentos individuais. Ela ilustra os limites da atitude reducionista, que levaria a negar a sua possibilidade, sob o pretexto de que ela não teria nenhum sentido no nível das partículas individuais. As partículas individuais não são nem sólidas nem líquidas. Os estados gasosos, sólidos e líquidos são propriedades de conjunto das partículas. É este, também, o significado da quebra de simetria temporal. É preciso que as ressonâncias aconteçam de maneira persistente. Também aqui, é preciso considerar um conjunto de partículas. Isolando algumas partículas, mesmo que elas interajam entre si, permanecemos no quadro clássico. Precisaremos estas observações qualitativas no capítulo 5.

Como no caso do caos determinista, que abordaremos no capítulo 3, a nova formulação da mecânica clássica requer uma extensão de seu quadro matemático. A situação faz lembrar a da relatividade geral. Einstein mostrou que devíamos, para incorporar a gravitação na métrica espaçotemporal, passar da geometria euclidiana à geometria riemanniana (vide capítulo 8). No cálculo funcional, o espaço de Hilbert, que pode ser entendido como uma extensão da geometria euclidiana a um número infinito de dimensões, desempenha um papel central: é dentro do espaço de Hilbert que são tradicionalmente definidas as operações matemáticas associadas à mecânica quântica e à mecânica estatística. Ora, como veremos nos capítulos 4 a 6, nossa formulação implica o emprego de funções singulares e, portanto, a passagem do espaço de Hilbert a espaços funcionais mais gerais. É um novo domínio das matemáticas, em pleno progresso hoje em dia.

Desde o início deste século, acostumamo-nos à ideia de que a mecânica clássica devia ser generalizada quando se tratasse de objetos microscópicos, como os átomos e as partículas elementares, ou quando fosse preciso passar às escalas astrofísicas. O fato de que a instabilidade impõe igualmente uma extensão da mecânica clássica é completamente inesperado. Ainda mais inesperado porque essa extensão diz respeito também à mecânica quântica. Neste caso, também as instabilidades associadas às ressonâncias desempenham um papel fundamental. Elas levam a uma transformação da formulação mesma da teoria quântica e contribuem para elucidar o paradoxo fundamental da mecânica quântica.

IV

Quando nos voltamos para a mecânica quântica, deparamo-nos, de fato, com uma estranha situação. Como é sabido, a mecânica quântica obteve notáveis êxitos. E, no entanto, setenta anos depois da formulação de seus princípios fundamentais, os debates ainda permanecem igualmente intensos[26] e uma sensação de mal-estar é compartilhada por seus maiores especialistas. Richard Feynman confessou um dia que ninguém "compreende" a teoria quântica! Este caso é único na história das ciências. Eis

---

26 Vide, por exemplo, o estudo histórico de JAMMER, M. *The Philosophy of Quantum Mechanics*. New York: Wiley Interscience, 1974. Recomendo também o excelente livro de RAE, A. I. M. *Quantum Physics: Illusion or Reality?* Cambridge: Cambridge University Press, 1986.

aqui alguns elementos que permitirão melhor compreendê-lo. A grandeza central é a função de onda Ψ, que desempenha um papel similar ao da trajetória na mecânica clássica. A equação fundamental, a equação de Schrödinger, descreve a evolução ao longo do tempo da função de onda. Transforma a função de onda Ψ (t_0), dada no instante inicial t_0, na função de onda Ψ (t) no tempo t, exatamente como na mecânica clássica as equações do movimento levam da descrição do estado inicial de uma trajetória a qualquer um de seus estados em outros instantes.

Como a de Newton, a equação de Schrödinger é determinista e de tempo reversível. O mesmo abismo separa, portanto, tanto a descrição quântica quanto a descrição dinâmica clássica da descrição evolucionista associada à entropia. No entanto, ao contrário do que se passa na mecânica clássica, em que podemos observar trajetórias, a função de onda não é observável. Segundo sua interpretação física, a função de onda Ψ é uma *amplitude de probabilidade*. Isto significa que o quadrado $|\Psi|^2 = \Psi\Psi^*$ (Ψ tem uma parte imaginária e uma parte real, e Ψ^* é o complexo conjugado de Ψ) corresponde a uma probabilidade. Vamos grafá-la ρ. Existem definições mais gerais da probabilidade quântica, em termos de *conjuntos* obtidos por superposição de diferentes funções de onda. Esses conjuntos são chamados de "misturas", por oposição aos "casos puros" caracterizados por uma função de onda única.

A hipótese fundamental da teoria quântica é que todo problema dinâmico deve poder ser resolvido em termos de amplitudes de probabilidade, exatamente como todo problema deveria ser resolvido na mecânica clássica em termos de trajetórias individuais. No entanto, no caso quântico, a atribuição de propriedades à matéria implica uma operação suplementar: é preciso passar das amplitudes às probabilidades propriamente ditas. Para compreendermos este problema, consideremos um exemplo simples, uma situação em que a energia pode assumir dois valores E_1 e E_2. Uma vez medida a energia do sistema, atribuímos ao sistema a função de onda u_1 ou u_2, de acordo com o valor observado da energia. Mas, antes que a medição seja efetuada, a função de onda do sistema corresponde a uma superposição linear, $\Psi = c_1 u_1 + c_2 u_2$. A função é, portanto, bem definida, estamos num caso puro. Nesta situação, o sistema não está nem no nível 1 nem no nível 2, mas participa dos dois. De acordo com a mecânica quântica, uma medição realizada sobre um conjunto de sistemas caracterizados por essa função de onda levará a medir E_1 ou E_2 com probabilidades dadas respectivamente pelo quadrado das amplitudes $|c_1|^2$ e $|c_2|^2$. Isto significa que, tendo partido de um caso puro, ou seja, de um conjunto de sistemas representados todos pela mesma função de onda Ψ, chegamos a uma mistura, um conjunto de sistemas representados por duas funções de ondas distintas, u_1 e u_2. É esta passagem do caso puro para a mistura que chamamos de "redução" da função de onda.

Parece, pois, que a mecânica quântica nos impõe a passagem de *potencialidades* descritas pela função de onda Ψ às *atualidades* que medimos. Mas a que corresponde essa passagem? Ela é estranha à evolução descrita pela equação de Schrödinger, que, como dissemos, descreve a transformação de uma função de onda numa outra, e não a de um caso puro em mistura. Muitas vezes se sugeriu que esta última transformação se deveria a nossas medições. É o ponto de vista expresso por Weinberg no trecho citado na seção I deste capítulo. Para sublinharmos a analogia **entre essa** interpretação e a que torna a imperfeição humana responsável pela flecha do tempo, falamos a este respeito de "paradoxo quântico": como poderia uma ação humana como a observação ser responsável pela transição de potencialidades em atualidades? A evolução do universo seria diferente na ausência dos homens ou dos físicos? Em sua introdução a *The New Physics*, escreve Paul Davies:

> Em última análise, a mecânica quântica propõe um procedimento inteiramente satisfatório para predizer os resultados da observação dos microssistemas, mas quando perguntamos o que realmente se passa quando ocorre uma

O FIM DAS CERTEZAS

observação, chegamos a absurdos! As tentativas de sair desse paradoxo vão das ideias bizarras, como os universos múltiplos de Hugh Everett, às ideias místicas, como o papel da consciência do observador invocada por John von Neumann e Eugene Wigner. Depois de meio século de discussões, o debate sobre a observação quântica continua igualmente intenso. Os problemas da física do minúsculo e do imenso são formidáveis, mas pode ser que essa fronteira – a interface do espírito e da matéria – seja a herança mais provocante da Nova Física.[27]

A questão da interface entre o espírito e a matéria já estava presente na física clássica, com o paradoxo do tempo. Se a flecha do tempo deve ser atribuída ao ponto de vista humano sobre um mundo regido por leis temporais simétricas, a própria aquisição de qualquer conhecimento se torna paradoxal, pois *qualquer medida supõe um processo irreversível*. Se podemos aprender o que quer que seja acerca de um objeto temporalmente reversível, é somente graças aos processos irreversíveis implicados por qualquer medida, quer no nível do aparelho (por exemplo, uma reação fotoquímica), quer no nível de nossos mecanismos sensoriais. Também na mecânica clássica, quando queremos saber como incluir a observação do mundo na descrição, chegamos a um absurdo, como diz Davies. A única diferença é que essa intrusão da irreversibilidade foi vista como um problema menor na mecânica clássica, cujo grande sucesso não deixava nenhuma dúvida quanto ao seu caráter objetivo. A situação é muito diferente na mecânica quântica, pois a inclusão da medida na descrição fundamental da natureza é exigida pela própria estrutura da teoria, por sua dualidade irredutível: por um lado, a equação de Schrödinger, por outro, a redução da função de onda.

Em 1947, numa carta a Markus Fierz, o grande físico Wolfgang Pauli frisava as estranhas consequências dessa estrutura dualista: "Algo só ocorre verdadeiramente quando uma observação é feita, e em conjunção com ela ... a entropia aumenta. Entre as

---

27 DAVIES, P. *The New Physics:* A Synthesis. Cambridge: Cambridg e University Press, 1989. p.6.

observações, não acontece absolutamente nada."[28] E, no entanto, o papel em que escrevemos amarelece e envelhece, quer o observemos, quer não.

Como resolver este paradoxo? Além das posições extremas mencionadas por Davies, cumpre citar a chamada interpretação de Copenhague, proposta por Niels Bohr. Resumidamente, Bohr considera que não se deve colocar a questão: que tipos de processos dinâmicos são responsáveis pela redução da função de onda? A função de onda seria carente de sentido sem aparelho de medida. Para ele, devemos tratar de maneira *clássica* esse aparelho de medida que nos serve de intermediário com o mundo quântico. Imaginem um sacerdote ou um xamã que se comunique com um outro mundo: as mensagens que ele nos transmite, na medida em que podemos compreendê-las, têm um sentido para nós, mas seríamos incapazes de remontar às fontes que, no outro mundo, as teriam gerado. Da mesma forma, para Bohr, seria preciso evitar conferir um valor explicativo à função de onda, pensar que ela dá conta do mundo quântico. Ela não representa o outro mundo, mas sim nossas possibilidades de nos comunicar com ele.

A interpretação de Bohr é fascinante, mas sua definição do instrumento como intermediário "clássico" não é satisfatória. Quais são as prescrições que definem a possibilidade de um sistema físico ou físico-químico poder ser utilizado enquanto instrumento de medida? É suficiente que *nós* decidamos tratá-lo de maneira clássica? Não é universal a mecânica quântica? Até onde vão as regras quânticas? Léon Rosenfeld, o colaborador mais próximo de Niels Bohr, tinha consciência dessa fraqueza da interpretação de Copenhague. Considerava essa interpretação uma primeira etapa e julgava que a seguinte consistiria numa interpretação dinâmica realista do papel do instrumento de medida. No fim de sua vida, esta convicção o levou a colaborar

---

28 Apud LAURIKAINEN, K. V. *Beyond the Atom*. The Philosophical Thought of Wolfgang Pauli. Berlin: Springer Verlag, 1988. p.193.

com nosso grupo. As publicações que resultaram disso anunciam já a abordagem descrita neste livro.[29]

Outros físicos propuseram identificar o instrumento de medida a um dispositivo macroscópico. O conceito de dispositivo macroscópico está, segundo eles, associado ao de aproximação. Estaríamos na incapacidade de indicar as propriedades quânticas do aparelho por razões práticas. Mas a possibilidade mesma da medição depende, então, de nossas aproximações. Se fôssemos capazes de eliminar as aproximações, o aparelho já não poderia servir de instrumento de medida. Sugeriu-se igualmente que o aparelho fosse definido como um sistema quântico aberto, em interação com o mundo.[30] Perturbações contingentes, flutuações vindas do ambiente destruiriam as propriedades quânticas do sistema e seriam, então, responsáveis pela medida. Mas o que significa a noção de "ambiente"? Quem realiza a distinção entre um objeto e seu ambiente? Esta distinção não passa, afinal, de um disfarce da posição de John von Neumann, segundo a qual somos *nós*, mediante nossa ação, que procedemos à redução da função de onda.

Em seu excelente livro *Speakable and Unspeakable in Quantum Mechanics*,[31] J. Bell exprimiu energicamente a necessidade de eliminar o elemento subjetivo assim associado à mecânica quântica. Esta necessidade se faz sentir com intensidade ainda maior pelo fato de que a mecânica quântica é hoje uma ferramenta indispensável para explorar o universo em seus primeiros estádios de existência, perto do *big bang*. Quem mede, então, o universo? É o que recorda Murray Gell-Mann em seu último livro, *The Quark and the Jaguar*. No entanto, a solução que ele propõe, a

---

29 GEORGE, C., PRIGOGINE, I., ROSENFELD, L. The Macroscopic Level of Quantum Mechanics, *Mat.-fys. Medd. Dan. Vid. Selsk*, v.XXXVIII, p.1-44, 1972.
30 Vide, por exemplo, UNRUH, W. G., ZUREK, W. H. Reduction of a Wave Packet in Quantum Brownian Motion. *Phys. Rev.*, v.XL, p.1070, 1989.
31 Cambridge: Cambridge University Press, 1989.

introdução de uma descrição em grandes traços (*coarse grained*) das histórias quânticas do universo voltam novamente a propor uma aproximação como solução de um problema fundamental. A descrição em grandes traços suprime os termos de interferência que testemunham a diferença entre casos puros, representados por uma única função de onda que sobrepõe as amplitudes de probabilidade (no exemplo dado anteriormente, $\Psi = c_1 u_1 + c_2 u_2$), e mistura. Se desdenharmos esses termos de interferência, o problema está resolvido: não é mais preciso passar da potencialidade à atualidade. Toda medição se limita a indicar os diferentes ingredientes da mistura. Mas por que razão poderíamos desdenhar os termos de interferência? Como justificar a escolha de nos limitar, especialmente na cosmologia, a uma descrição grosseira? Num bom número de aplicações importantes da mecânica quântica, desempenham um papel central os termos de interferência, o fato de que a função de onda ao quadrado não é a soma das probabilidades dos diferentes resultados possíveis de medida. Segundo que critério poderemos decidir que precisamos de uma descrição quântica exata ou que basta uma descrição que suprima os termos de interferência? Podemos realmente esperar resolver a questão da articulação entre mecânica quântica e cosmologia, e a do papel do observador, recorrendo a aproximações? De resto, como compreender essa atitude da parte de um autor que afirma, como vimos, que a mecânica quântica é o quadro no qual deve entrar toda teoria física contemporânea?

Assim, as diferentes tentativas de soluções do problema da medida são pouco satisfatórias. E isto ainda mais pelo fato de que elas não oferecem nenhuma perspectiva nova, nenhuma possibilidade de predição que possa ser posta à prova. Nossa conclusão concorda com a de muitos especialistas em teoria quântica, como A. Shimon[32] e B. d'Espagnat.[33] Segundo eles, só uma inovação

---

32 Conceptual Foundations of Quantum Physics. In *The New Physics*, op. cit.

33 *Conceptual Foundations of Quantum Mechanics*. Benjamin: Califórnia, 1976.

radical, que deveria, porém, conservar todos os resultados da mecânica quântica, poderia eliminar as dificuldades associadas à estrutura dualista da teoria. Note-se, enfim, que o problema da medida não está isolado. Como ressaltava energicamente Léon Rosenfeld, a noção de medida está intrinsecamente associada à irreversibilidade. Ora, na mecânica quântica, não há lugar para os processos irreversíveis, estejam eles associados ou não a medidas. Deste ponto de vista, a situação é completamente similar à que apresentamos no caso da mecânica clássica (seção III), e, como veremos, a solução que proporemos também será similar. Mais uma vez, o papel central pertence à instabilidade. No entanto, o caos determinista, ou seja, as trajetórias divergentes de maneira exponencial, não pode ser transposto para a mecânica quântica, em que não há trajetórias, mas sim funções de onda. Em compensação, a instabilidade associada às ressonâncias de Poincaré conserva um sentido preciso tanto na mecânica quântica quanto na mecânica clássica.

Nossa abordagem leva-nos a incorporar as ressonâncias de Poincaré à descrição estatística. Obtemos, então, termos difusivos estranhos à mecânica quântica formulada em termos de funções de onda. O objeto central da mecânica quântica torna-se, como na mecânica clássica, a probabilidade ρ (também chamada de "matriz densidade" na mecânica quântica) e não mais a função de onda Ψ. Graças às ressonâncias de Poincaré, realizamos, pois, a transição das amplitudes de probabilidade às probabilidades propriamente ditas, e isto sem recorrermos a hipóteses não dinâmicas incontroláveis.

Como na dinâmica clássica, a questão fundamental fica sendo: quando são observáveis esses termos difusivos? Quais são os limites da teoria quântica tradicional? A resposta é semelhante à que apresentamos no caso clássico (seção III) e, da mesma maneira, nossas predições foram verificadas por simulações numéricas, enquanto aguardamos as experiências de laboratório. Em suma, é nas interações *persistentes* que os termos difusivos se tornam dominantes. Em outras palavras, podemos definir de maneira rigorosa o que uma hipótese como a de Gell-Mann deixava na sombra: podemos explicitar os critérios que diferenciam as situações em que a função de onda e os termos de interferência que ela implica devem ser conservados das situações em que a descrição é irredutivelmente probabilista e não pode ser reduzida a uma descrição em termos de função de onda. Correlativamente, é a dinâmica quântica assim estendida que leva, então, à destruição das interferências. A questão da medição vê-se assim resolvida, e a mecânica quântica interpretada de maneira realista: não precisamos mais de redução da função de onda, pois as leis dinâmicas se escrevem em termos probabilistas e não em termos de funções de onda. O observador não desempenha um papel particular, mas o instrumento de medida deve satisfazer a um critério preciso: deve apresentar uma simetria temporal quebrada. A "interface" entre o espírito e a matéria, de que falava Davies, perde seu mistério: a condição necessária para nossa comunicação com o mundo físico, bem como para nossas comunicações com os outros humanos, é uma flecha comum do tempo, uma definição *comum* da distinção entre passado e futuro.

Assim, a instabilidade desempenha um papel central tanto na mecânica clássica quanto na mecânica quântica. Ela nos obriga a estender sua formulação e seu alcance. Talvez a possibilidade de uma formulação unificada da teoria quântica seja a mais espetacular, pois entra num debate violento que vem estendendo-se por mais de sessenta anos, mas a necessidade de uma extensão da teoria clássica é certamente o resultado mais inesperado. Estou consciente de que essa extensão constitui uma ruptura com uma tradição secular, uma tradição em que a noção de trajetória chegou a se confundir com uma evidência do senso comum. Evidentemente, a noção de trajetória subsiste, mas ganha um sentido novo dentro de uma concepção probabilista. O fato de que a aplicação de técnicas matemáticas recentes aos sistemas instáveis leva aos resultados descritos neste livro não é uma coincidência: é a condição da incorporação do caráter evolutivo de nosso universo em nossa descrição física fundamental.

V

Chegamos ao final deste capítulo. Nós o começamos com Epicuro e Lucrécio, com a invenção do *clinamen*, condição do aparecimento de novidades. Podemos agora dar uma significação precisa a este conceito forjado há dois mil e quinhentos anos! Uma forma de *clinamen* era, de fato, necessária para uma descrição coerente. Se nosso mundo devesse ser compreendido por meio do modelo dos sistemas dinâmicos estáveis, não teria nada em comum com o mundo que nos cerca: seria um mundo estático e predizível, mas não estaríamos lá para formular as predições. No mundo que é o nosso, descobrimos em todos os níveis flutuações, bifurcações, instabilidades. Os sistemas estáveis que levam a certezas correspondem a idealizações, a aproximações. A situação a que chegamos foi, mais uma vez, antecipada por Henri Poincaré. Num trecho em que discute o significado da lei da conservação da energia, ele chega a uma conclusão que pode ser aplicada igualmente à segunda lei da termodinâmica, a lei do aumento da entropia. Escreve ele que essa lei

> só pode ter um significado, que haja uma propriedade comum a todos os possíveis; mas na hipótese determinista só há um possível, e então a lei não tem mais sentido. Na hipótese indeterminista, pelo contrário, ela ganharia um sentido, mesmo se a quiséssemos entender num sentido absoluto; ela apareceria como um limite imposto à liberdade. Mas esta palavra adverte-me de que estou divagando e que vou sair do campo das matemáticas e da física.[34]

---

34 POINCARÉ, H. *La science et l'hypothèse*. Paris: Flammarion, 1906. p.161.

Hoje, não temos mais medo da "hipótese indeterminista". Ela é a consequência natural da teoria moderna da instabilidade e do caos. E confere um significado físico fundamental à flecha do tempo, sem a qual somos incapazes de compreender os dois principais caracteres da natureza: sua unidade e sua diversidade. A flecha do tempo, comum a todas as partes do universo, é testemunha dessa unidade. O futuro de você é meu futuro, o futuro do Sol é o de qualquer outra estrela. Quanto à sua diversidade, pense nesta sala onde estou escrevendo: o ar, mistura de gases, atingiu aqui mais ou menos um equilíbrio térmico e se encontra num estado de desordem molecular; mas há também estas magníficas flores colocadas por minha mulher, que são objetos longe do equilíbrio, objetos altamente organizados graças aos processos irreversíveis de não equilíbrio. Nenhuma formulação das leis da física que não leve em conta o papel construtivo do tempo poderá satisfazer nossa necessidade de compreender a natureza.

CAPÍTULO 2

APENAS UMA ILUSÃO?

I

Os resultados apresentados neste livro só amadureceram lentamente. Faz agora cinquenta anos que publiquei meu primeiro artigo sobre a termodinâmica de não equilíbrio. Nesse trabalho, eu já ressaltava o papel construtivo da irreversibilidade.[1] Que eu saiba, era a primeira publicação que propunha o problema da auto-organização associado ao afastamento do equilíbrio. Depois de tantos anos, muitas vezes fico pensando por que a questão do tempo me fascinou tanto. Mas também por que precisei de tantos anos para estabelecer o vínculo entre irreversibilidade e dinâmica. Este não é o lugar de apresentar a história da termodinâmica e da mecânica estatística durante este meio século. Gostaria apenas de tentar explicar minha motivação e insistir nas dificuldades que encontrei pelo caminho.

---

1 PRIGOGINE, I. *Bull. Acad. Roy. Belg.,* v.XXXI, p.600, 1945. Vide também *Étude thermodynamique des phénomènes irréversibles*. Liège: Desoer, 1947.

Sempre pensei que a ciência era um diálogo com a natureza. Como em todo diálogo de verdade, muitas vezes as respostas são inesperadas. Eu gostaria de compartilhar com o leitor o sentimento de excitação e de espanto de meus colegas e de mim mesmo ao longo de toda essa exploração dos problemas do tempo e do determinismo.

Adolescente, eu era fascinado pela arqueologia, pela filosofia e pela música. Minha mãe contava que eu havia aprendido a ler partituras antes de saber ler textos. Quando entrei na universidade, passei muito mais tempo ao piano do que nas salas de aula! Os assuntos que me interessavam sempre haviam sido aqueles em que o tempo desempenhava um papel essencial, quer fosse o surgimento das civilizações, quer fossem os problemas éticos associados à liberdade humana ou à organização temporal dos sons na música. Mas a ameaça da guerra pesava, e pareceu mais razoável que eu me voltasse para uma carreira nas ciências "duras". Foi assim que iniciei os estudos de física e de química na Universidade Livre de Bruxelas.

Depois de tantos anos, não consigo lembrar-me com precisão de minhas reações, mas parece que senti espanto e frustração. Na física, o tempo era considerado um mero parâmetro geométrico. Mais de cem anos antes de Einstein e Minkowski, já em 1796, Lagrange batizara a dinâmica de "geometria em quatro dimensões".[2] Einstein afirmava que o tempo associado à irreversibilidade era uma ilusão. Dados os meus primeiros interesses, essa era uma conclusão que me era impossível aceitar, mas mesmo hoje a tradição de um tempo espacializado continua viva. Tomem como exemplo o famoso livro de Stephen Hawking:[3] para eliminar qualquer distinção entre o tempo e o espaço, Hawking introduz um "tempo imaginário"! Voltaremos a tratar disto no capítulo 8.

---

2 LAGRANGE, J.-L., op. cit., 1796.
3 HAWKING, S. *Une brève histoire du temps*, op. cit.

O FIM DAS CERTEZAS

Certamente, não fui o primeiro a sentir que essa espacialização do tempo era incompatível tanto com o universo evolutivo que observamos quanto com a nossa experiência humana. Foi este, aliás, o ponto de partida do filósofo Henri Bergson, para quem "o tempo é invenção ou não é absolutamente nada".[4] Já citei o artigo "O possível e o real", uma obra bastante tardia, pois foi escrita em 1930, por ocasião de seu prêmio Nobel. Bergson fala ali do tempo como *"jorro efetivo de novidade imprevisível"*[5] de que é testemunha a nossa experiência da liberdade humana, mas também da indeterminação das coisas. Em consequência, o possível é "mais rico" do que o real. O universo ao nosso redor deve ser compreendido a partir do possível, não a partir de um estado inicial qualquer do qual pudesse, de qualquer maneira, ser deduzido. Vimos no final do capítulo 1 que a questão do possível perturbava também Henri Poincaré. Ela foi o tema motor da obra filosófica de A. N. Whitehead e de seu principal livro, *Processo e realidade*.[6] Para Whitehead, o possível devia tornar-se uma categoria primordial para toda cosmologia racional, sem o que nada poderia evitar a "bifurcação da natureza" dilacerada entre experiência humana e mundo passivo. A visão do mundo inspirada pela ciência clássica era, para ele, um exemplo do erro a que leva a atribuição falaciosa de um caráter concreto a uma abstração. Representar a natureza a partir da abstração físico--matemática derivada do estudo dos corpos em movimento proíbe atribuir um sentido à noção de "criatividade". Para Whitehead, a criatividade era, pelo contrário, uma categoria cosmológica, o princípio último de toda novidade.

Eu poderia prosseguir esta enumeração, citar M. Heidegger e muitos outros. Como escreveu o grande físico A. S. Eddington, "em toda tentativa de construir uma ponte entre os campos de experiência que pertencem às dimensões espirituais e às dimen-

---

4 BERGSON, H. L'évolution créatrice. In *Oeuvres*, op. cit., 1970, p.784.
5 BERGSON, H. Le possibl e et le réel. In *L'évolution créatrice*, capítulo 1, p.1344.
6 Op. cit., 1995.

sões físicas, o tempo ocupa a posição crucial".[7] E, no entanto, em vez de ser o lugar em que se coloca a questão dessa ponte, o ponto de encontro de reflexões serenas, o tempo foi, desde os pensadores gregos até hoje, o desafio de polêmicas e rivalidades. Para a ciência, a questão do tempo foi resolvida com Newton e Einstein, ao passo que para a maior parte dos filósofos a solução a esta questão diz respeito apenas à metafísica e escapa à física.

Minha convicção era diferente. Achava que negar toda pertinência da física no que diz respeito ao tempo era pagar um preço muito alto. Afinal, a ciência é um exemplo único de diálogo frutuoso entre o homem e a natureza. Não foi porque a ciência clássica se restringira ao estudo de problemas simples que ela pôde reduzir o tempo a um parâmetro geométrico? Quando tratamos de um pêndulo sem fricção, não cabe ampliar esse conceito de tempo. Mas quando a ciência encontrasse sistemas complexos, não seria obrigada a modificar sua concepção do tempo? Um exemplo associado à arquitetura ocorria-me muitas vezes: não há muita diferença entre um tijolo iraniano do século V a.C. e um tijolo neogótico do século XIX, mas que diferença entre os edifícios construídos com esses tijolos, os palácios de Persépolis e a Gedächtniskirche de Berlim! Não seria o tempo uma propriedade emergente? Mas então é preciso descobrir as suas raízes. A flecha do tempo nunca emergirá de um mundo regido por leis temporais simétricas. Adquiri a convicção de que a irreversibilidade macroscópica era a expressão de um caráter aleatório do nível microscópico. Mas qual era a origem desse caráter aleatório? Eu ainda estava muito distante das conclusões resumidas no capítulo anterior, em que a instabilidade impõe uma reformulação das leis fundamentais clássicas e quânticas, mesmo em nível microscópico. Em suma, para mim, a primeira questão era: qual é o papel do tempo, enquanto vetor da irreversibilidade, na física?

---

7 EDDINGTON, A. *The Nature of the Physical World*, op. cit., 1958.

II

Nesse estado de espírito, era natural que eu me voltasse para a termodinâmica, tanto mais que havia em Bruxelas uma escola de termodinâmica ativa, fundada por Théophile de Donder (1870-1957).

Mencionei no capítulo anterior a formulação clássica do segundo princípio, da autoria de Clausius. Ela se funda numa desigualdade: a entropia de um sistema *isolado* aumenta de maneira monótona ao longo do tempo, até seu valor máximo correspondente ao equilíbrio termodinâmico. Pode-se, portanto, escrever $dS > 0$ (onde S é a entropia) para a variação da entropia ao longo do tempo. Como estender esse enunciado ao caso em que os sistemas não estão isolados, mas trocam energia e matéria com o mundo circunstante? Temos, então, de distinguir dois termos na variação de entropia dS: o primeiro, d_eS, descreve a transferência de entropia através das fronteiras do sistema, esse termo podendo ser positivo ou negativo, conforme o tipo de troca; o segundo, d_iS, é a entropia produzida no interior do sistema. Consequentemente, podemos escrever $dS = d_eS + d_iS$. O segundo princípio de termodinâmica afirma que, sejam quais forem as condições nos limites, a produção de entropia d_iS é positiva (ou nula no equilíbrio). Os processos irreversíveis criam entropia. De Donder foi mais longe: exprimiu a produção de entropia por unidade de tempo, $P = d_iS/dt$ em função das velocidades e das forças dos diferentes processos irreversíveis (reações químicas, difusão etc.) no interior do sistema. Na realidade, ele só considerou as reações químicas,[8] mas a generalização era fácil.[9]

O próprio De Donder, porém, nunca foi muito longe nesta direção. Limitou-se ao equilíbrio e à vizinhança do equilíbrio.

---

8 DE DONDER, Th., VAN RYSSELBERGHE, P. *L'affinité*. Paris: Gauthier-Villars, 1936.

9 PRIGOGINE, I. *Étude thermodinamique des nomènes irréversibles*, 1947.

Seu trabalho, no entanto, foi um passo importante na direção da formulação de uma termodinâmica de não equilíbrio, ainda que esse trabalho permanecesse durante muito tempo sem continuidade. Ainda me lembro da hostilidade que provocou esse trabalho. Para a grande maioria dos cientistas, a termodinâmica devia limitar-se de maneira *estrita* ao equilíbrio. Esta foi a opinião de W. Gibbs, bem como de G. N. Lewis, o mais célebre dos termodinâmicos da época. Para eles, a irreversibilidade associada a um tempo unidirecional era uma heresia. Lewis chegou a escrever: "Veremos que quase em toda parte o físico purificou sua ciência do uso de um tempo unidirecional ... estranho ao ideal da física".[10]

Tive muito rapidamente a oportunidade de experimentar essa hostilidade. Em 1946, organizei o primeiro encontro de *Statistical Mechanics and Thermodynamics* sob os auspícios da International Union for Pure and Applied Physics (IUPAP). Esses encontros prosseguiram a partir de então com regularidade e hoje têm uma participação numerosa, mas na época éramos um pequeno grupo, cerca de trinta ou quarenta pessoas. Apresentei ali um relatório sobre a termodinâmica irreversível. Depois de minha exposição, o maior especialista na matéria fez o seguinte comentário: "Muito me espanta que esse rapaz esteja tão interessado na física do não equilíbrio. Os processos irreversíveis são transitórios. Por que, então, não aguardar e estudar o equilíbrio, como todo o mundo?" Fiquei tão pasmo que não tive a presença de espírito de lhe responder: "Mas nós também somos seres transitórios. Não é natural que nos interessemos por nossa condição humana comum?"

Durante toda minha vida, senti a hostilidade que provoca nos físicos o tempo unidirecional. No capítulo anterior, mencionei a maneira como podemos procurar banalizar o segundo princípio: isso faz parte do credo de um grande número de físicos de renome. É uma atitude que sempre me surpreende. Em toda parte ao nosso redor vemos o surgimento de estruturas, testemunho

---

10 LEWIS, G. N. *Science*, v.LXXI, p.570, 1930.

da criatividade da natureza, para utilizar o termo de Whitehead. Estava convencido de que, de uma maneira ou de outra, essa criatividade estava ligada aos processos irreversíveis.

Comparem um cristal e uma cidade. O primeiro é uma estrutura de equilíbrio, pode ser conservado no vácuo. A segunda tem também uma estrutura bem definida, mas esta depende de seu funcionamento. Um centro religioso e um centro comercial não têm nem a mesma função nem a mesma estrutura. Aqui, a estrutura resulta do tipo de interação com o ambiente. Se isolássemos uma cidade, ela morreria. Estrutura e função são inseparáveis.

Fui também influenciado pelo belo livro de Erwin Schrödinger, *What is Life?*[11] Nele, Schrödinger discute o metabolismo do organismo vivo em termos de produção de entropia e de fluxo de entropia. Quando um organismo está no estado estacionário, sua entropia permanece constante ao longo do tempo. A produção de entropia d_iS deve, então, ser compensada pelo fluxo de entropia. Podemos, pois, escrever: $dS = 0 = d_eS + d_iS$, ou $d_eS = -d_iS < 0$. A vida, concluía Schrödinger, nutre-se de um "fluxo entrópico negativo", mas pode-se também dizer, e para mim isto era o mais importante, que a vida se acha associada à produção de entropia e, portanto, aos processos irreversíveis.

Como uma estrutura, como a do vivente ou de uma cidade, pode emergir em condições de não equilíbrio? Também aqui, como na dinâmica, a questão da *estabilidade* é crucial. No equilíbrio termodinâmico, a entropia tem seu valor máximo quando o sistema está isolado. Para um sistema mantido a uma dada temperatura, T, temos um enunciado similar: a "energia livre" $F = E - TS$ (onde E é a energia e S a entropia) atinge seu valor mínimo no equilíbrio. Em ambos os casos, o valor extremo da entropia ou da energia livre garante que as perturbações ou as flutuações não têm nenhum efeito, pois são seguidas de um retorno ao equilíbrio. A situação lembra a do pêndulo estável (Figura 1.2 a).

---

11 SCHRÖDINGER, E. *What is Life?* Cambridge: Cambridge University Press, 1945.

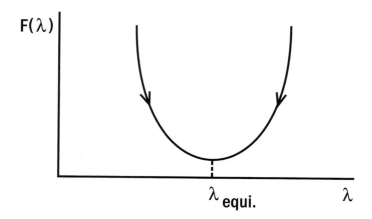

FIGURA 2.1 – A energia livre como função de um parâmetro λ que pode ser a concentração de um reativo do sistema. O mínimo de energia livre define o estado do equilíbrio.

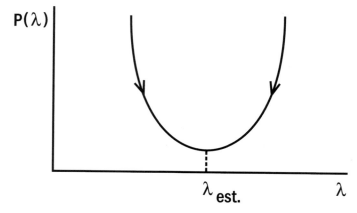

FIGURA 2.2 – A produção de entropia por unidade de tempo $P = d_iS/dt$ como função de um parâmetro λ que pode ser a concentração de um reativo do sistema. O mínimo de P define o estado estacionário.

Que se passa no caso de um estado estacionário de não equilíbrio? Mencionamos um exemplo disto: a difusão térmica (seção II, capítulo 1). O estado estacionário de termodifusão é estável como o estado de equilíbrio? Nas situações próximas do equilíbrio (o domínio do que é chamado termodinâmica de não equilíbrio *linear*), a resposta é afirmativa, pois, como mostrei em 1945, o estado estacionário corresponde, então, a um mínimo da produção de entropia $P = d_iS/dt$.[12] No equilíbrio, a produção de entropia é nula e, no regime linear, ela assume seu valor mínimo. Esta propriedade garante de novo a regressão das flutuações. No entanto, como mostra o exemplo da difusão térmica, um notável traço novo aparece: o estado estacionário de não equilíbrio para o qual um sistema evolui espontaneamente pode ser um estado de maior complexidade do que o estado de equilíbrio correspondente. No exemplo da difusão térmica, essa maior complexidade corresponde a uma separação parcial, a uma triagem, por assim dizer, dos constituintes. Existem muitos outros exemplos que, como a difusão térmica, associam a processos irreversíveis a formação de uma ordem que não poderia ser realizada no equilíbrio. Foi este o ponto de partida que determinou a linha diretriz de minhas pesquisas.

Como, porém, passar desses resultados estabelecidos nas proximidades do equilíbrio a situações longe do equilíbrio? Meu colega Paul Glansdorff e eu trabalhamos neste problema durante anos.[13] Chegamos a um resultado surpreendente: contrariamente aos sistemas quer em equilíbrio, quer próximos do equilíbrio, os sistemas longe do equilíbrio não levam a um extremo de uma função, tal como a energia livre ou a produção de entropia. Consequentemente, não é mais certo que as flutuações sejam amortecidas. É somente possível formular as condições *suficientes* de estabilidade, a que demos o nome de "critério geral de evolução". Este critério põe em jogo o mecanismo dos processos irreversíveis de que o sistema é a sede. Ao passo que, no equilíbrio e perto do equilíbrio, as leis da natureza são *universais*, longe

---

12 *Bull. Acad. Roy. Belg.*, op. cit. A prova desse teorema implica as célebres relações de reciprocidade de Onsager (ONSAGER, L., *Phys. Rev.*, v.XXXVII, p.405, 1931; v.XXXVII, p.2265, 1931).

13 GLANSDORFF, P., PRIGOGINE, I. *Structure, stabilité et fluctuations.* Paris: Masson, 1971.

do equilíbrio elas se tornam específicas, dependem do tipo de processos irreversíveis. Esta observação é conforme à variedade dos comportamentos da matéria que observamos ao nosso redor. Longe do equilíbrio, a matéria adquire novas propriedades em que as flutuações, as instabilidades desempenham um papel essencial: a matéria torna-se mais *ativa*.

Hoje, há uma enorme literatura consagrada a este assunto.[14] Limitar-me-ei aqui a um simples exemplo. Suponhamos uma reação química da forma $\{A\} \Leftrightarrow \{X\} \Leftrightarrow \{F\}$, em que $\{A\}$ é um conjunto de produtos iniciais, $\{X\}$ um conjunto de produtos intermediários e $\{F\}$ um conjunto de produtos finais. No equilíbrio, temos tantas transições de $\{A\}$ para $\{X\}$ quanto de $\{X\}$ para $\{A\}$. O mesmo ocorre entre $\{X\}$ e $\{F\}$. É o que chamamos de "balanço detalhado". A relação entre os produtos iniciais e finais $\{A\}/\{F\}$ assume, então, um valor bem definido, que corresponde ao máximo de entropia. Consideremos, agora, um sistema aberto, um reator químico. Graças a um controle adequado dos fluxos de matéria, podemos fixar os valores de $\{A\}$ e de $\{F\}$. Se afastarmos progressivamente a razão $\{A\}/\{F\}$ de seu valor de equilíbrio, afastaremos o sistema do equilíbrio. Que acontecerá, então, com os produtos intermediários $\{X\}$?

As reações químicas são, em geral, não lineares. Para cada valor dado de $\{A\}$ e de $\{F\}$, existem muitas soluções possíveis para a concentração dos produtos intermediários $\{X\}$. Dentre essas soluções, só uma corresponde ao estado de equilíbrio termodinâmico e à entropia máxima. Essa solução pode ser prolongada no domínio de não equilíbrio: é a "ramificação (*branche*) termodinâmica". Mas o resultado inesperado é que os estados estacionários que pertencem à ramificação termodinâmica se tornam, em geral, instáveis a partir de uma distância crítica do

---

14 Vide NICOLIS, G., PRIGOGINE, I. *Self-Organization in Non Equilibrium Systems*. New York: Wiley, 1977 e *Exploring Complexity*. New York: W. H. Freeman and Co., 1989 (trad. francesa, *À la rencontre du complexe*. Paris: PUF, 1992).

equilíbrio. Para além do primeiro ponto de bifurcação, produz-se um conjunto de fenômenos novos: podemos ter reações químicas oscilantes, estruturas espaciais de não equilíbrio, ondas químicas. Chamamos de "estruturas dissipativas" essas novas organizações espaçotemporais. Ao contrário da ramificação termodinâmica associada nas proximidades do equilíbrio a uma produção de entropia mínima, as estruturas dissipativas aumentam geralmente a produção de entropia.

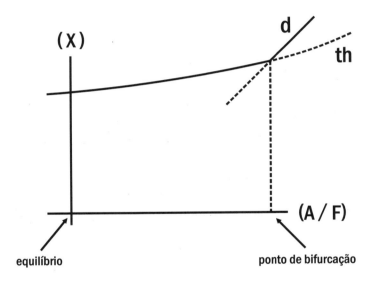

FIGURA 2.3 – No ponto de bifurcação definido por um valor determinado de {A/F}, a ramificação termodinâmica (*th*), caracterizada a partir da concentração do produto intermediário X que lhe corresponde, torna-se instável, enquanto uma nova solução (ramificação *d*) se torna estável.

A termodinâmica permite formular as condições necessárias ao aparecimento de estruturas dissipativas na química. Elas são de dois tipos.

Quando as estruturas dissipativas se produzem em condições afastadas do equilíbrio, sempre há uma distância crítica aquém da qual a ramificação termodinâmica é estável.

As estruturas dissipativas implicam a existência de etapas catalíticas. Isto significa que existe na cadeia das reações químicas uma etapa na qual um produto intermediário Y é obtido a partir de um produto intermediário X, enquanto numa outra etapa X é produzido a partir de Y.

Observe-se que estas condições são satisfeitas por todo organismo vivo. As enzimas, que são codificadas no material genético, garantem uma riqueza e uma multiplicidade de reações catalíticas sem equivalente no mundo inorgânico. E, sem elas, o material genético permaneceria letra morta.

Tivemos muita sorte. Pouco depois de nossa conclusão teórica que previa as possibilidades múltiplas que surgem na cinética química longe do equilíbrio, os resultados experimentais vieram confirmá-las. Tenho em mente sobretudo a reação de Belousov-Zhabotinski, que constitui um exemplo espetacular de oscilações químicas que se produzem em fase líquida longe do equilíbrio. Não vou descrever aqui essa reação. Quero apenas evocar nossa maravilha quando vimos essa solução reativa tornar-se azul, depois vermelha, depois azul de novo... Hoje, muitas outras reações oscilantes são conhecidas,[15] mas a reação de Belousov-Zhabotinski continua tendo uma importância histórica. Ela foi a prova de que a matéria longe do equilíbrio adquire realmente novas propriedades. Bilhões de moléculas evoluem juntas, e essa coerência se manifesta pela mudança de cor da solução. Isto significa que correlações de longo alcance aparecem em condições de não equilíbrio, correlações que não existem no equilíbrio. Num tom metafórico, pode-se dizer que no equilíbrio a matéria é *cega*, ao passo que longe do equilíbrio ela começa a *ver*. E esta nova propriedade, esta sensibilidade da matéria a si mesma e a seu ambiente, está ligada à dissipação associada aos processos irreversíveis.

---

15 DEWEL, G., VIDAL, C., BORCKMANS, P. *Loin de l'équilibre*. Paris: Hermann, 1994.

Foram espetaculares os progressos na química longe do equilíbrio. Estes últimos anos, foram observadas estruturas espaciais de não equilíbrio.[16] Elas haviam sido preditas pelo grande matemático Alan Turing no contexto da morfogênese.[17] Também sabemos que, quando afastamos ainda mais o sistema do equilíbrio, novas bifurcações associadas ao caos podem aparecer. Como no caso do caos determinista dos sistemas dinâmicos (capítulo 1, seção III), o comportamento do sistema torna-se então errático, sensível às condições iniciais.

Em suma, a distância do equilíbrio é um parâmetro essencial para descrever o comportamento da matéria, como o é a temperatura para sistemas no equilíbrio. Quando abaixamos a temperatura, observamos uma sucessão de transições de fase que põem em cena os diferentes estados físicos da matéria. Da mesma forma, no não equilíbrio, podemos observar uma sucessão de regimes de atividade da matéria, cuja variedade é muito maior do que a dos estados físicos gasoso, líquido e sólido. Limitamo-nos aqui à química, mas as estruturas dissipativas de não equilíbrio foram estudadas em muitas outras áreas, por exemplo na hidrodinâmica, na óptica ou nos cristais líquidos.

Examinemos mais de perto o efeito das flutuações. Trata-se de um ponto importante, pois, como vimos, perto do equilíbrio as flutuações são irrelevantes, ao passo que longe do equilíbrio elas desempenham um papel central. As flutuações são essenciais nos pontos de bifurcação. Elas nos forçam a abandonar a descrição determinista que se aplica à termodinâmica de equilíbrio. O sistema escolhe, por assim dizer, um dos possíveis regimes de funcionamento longe do equilíbrio. O termo "escolha" significa que nada na descrição macroscópica permite privilegiar uma das soluções. Um elemento probabilista irredutível introduz-se assim. O exemplo mais simples é a bifurcação em forquilha. Na

---

16 Ibidem.
17 TURING, A. *Phil. Trans. Roy. Soc. London*, Ser. B, v.CCXXXVII, p.37, 1952.

Figura 2.4, λ é o parâmetro que mede a distância em relação ao equilíbrio ($\lambda = 0$ corresponde ao equilíbrio). A ramificação termodinâmica é estável desde $\lambda = 0$ até $\lambda = \lambda_c$. Para além de λ_c, ela se torna instável e aparece um par simétrico de novas soluções estáveis. São as flutuações que decidem qual será escolhida. Se suprimíssemos toda flutuação, o sistema se manteria na ramificação termodinâmica instável. Foram feitas experiências, aliás, para diminuir as flutuações, a fim de penetrar na região instável, mas, cedo ou tarde, flutuações de origem externa ou interna se produzem e levam o sistema quer para a ramificação b_1, quer para a ramificação b_2.

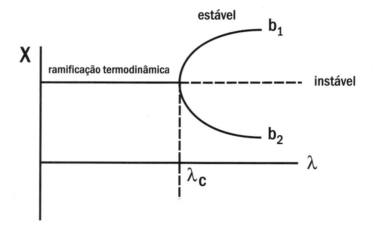

FIGURA 2.4 – Bifurcação em forquilha: a concentração do produto intermediário X é representada em função do parâmetro λ, que mede a distância do equilíbrio. No ponto de bifurcação λ_c, a ramificação termodinâmica torna-se instável e surge um par de novas soluções.

As bifurcações são uma fonte de quebra de simetria. De fato, as soluções da equação para além de λ_c têm geralmente uma simetria menor do que as da ramificação termodinâmica: a homogeneidade do tempo (como nas oscilações químicas), ou do espaço (como nas estruturas de Turing de não equilíbrio), ou ainda do tempo e do espaço simultaneamente (como nas ondas químicas), é quebrada. Da mesma forma, as estruturas dissipativas diferenciam-se intrinsecamente de seu ambiente.

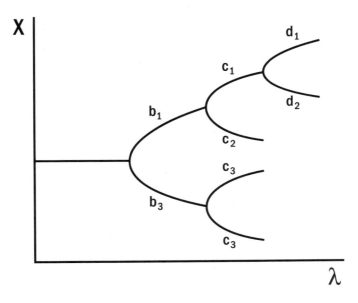

FIGURA 2.5 – Bifurcações sucessivas num sistema de não equilíbrio.

Em geral, temos uma sucessão de bifurcações, representada de maneira esquemática pela Figura 2.5. Este esquema faz coexistirem zonas deterministas (entre as bifurcações) e pontos de comportamento probabilista (os pontos de bifurcação). Imaginemos um sistema que se tivesse progressivamente afastado do equilíbrio ao longo do tempo. Sua evolução teria um elemento histórico. O fato de que observemos o sistema no estado d_2, por exemplo, implica que ele atravessou os estados b_1 e c_1.

Acerca das estruturas dissipativas, podemos falar de "auto--organização". Mesmo que conheçamos o estado inicial do sistema, o processo de que ele é sede e as condições nos limites, não podemos prever qual dos regimes de atividade esse sistema vai escolher. O alcance desta observação impressionou-me. Não podem as bifurcações ajudar-nos a entender a inovação e a diversificação em áreas outras do que a física ou a química?[18] Como resistir à tentação de aplicar essas noções a problemas da esfera da biologia, da sociologia ou da economia? Demos alguns passos nesta direção e hoje muitas equipes de pesquisa em todo o mundo seguiram este caminho. Só na Europa, foram fundados nestes últimos dez anos mais de cinquenta centros interdisciplinares especializados no estudo dos processos não lineares.

Sigmund Freud escreveu que a história das ciências é a história de uma alienação progressiva. Copérnico mostrou que a Terra não está no centro do universo. Darwin mostrou que somos animais entre outros. E o próprio Freud mostrou que nossa vida espiritual é só parcialmente consciente. A ciência seria, assim, fonte de feridas narcísicas sucessivas. Acho que a física longe do equilíbrio inverte esta perspectiva. A atividade humana, criativa e inovadora, não é estranha à natureza. Podemos considerá-la como uma amplificação e uma intensificação de traços já presentes no mundo físico e que a descoberta dos processos longe do equilíbrio nos ensinou a decifrar.

III

Encerremos este capítulo com algumas observações gerais. Os resultados que apresentamos mostram que as tentativas de banalizar a irreversibilidade, de reduzi-la a uma mera evolução na direção da desordem (vide o capítulo 1) estão necessariamente fadadas ao fracasso. A flecha do tempo desempenha um papel essencial na formação das estruturas tanto na físico-química quanto na biologia. Mas estamos apenas no começo. Ainda

---

18 Vide NICOLIS, G., PRIGOGINE, I. *Exploring Complexity*, op. cit., 1989.

O FIM DAS CERTEZAS

resta uma enorme distância entre as estruturas mais complexas que podemos produzir na química, mesmo nas situações de não equilíbrio, e a complexidade das estruturas que encontramos na biologia. Esta observação deve orientar nossas pesquisas futuras. Num relatório recente às Comunidades Europeias, C. K. Biebracher, G. Nicolis e P. Schuster escreveram:

> A manutenção da organização na natureza não é – e não pode ser – realizada por uma gestão centralizada, a ordem só podendo ser mantida por uma auto-organização. Os sistemas auto-organizadores permitem a adaptação às circunstâncias ambientais; por exemplo, eles reagem a modificações do ambiente graças a uma resposta termodinâmica que os torna extraordinariamente flexíveis e robustos em relação às perturbações externas. Queremos sublinhar a superioridade dos sistemas auto-organizadores em relação à tecnologia humana habitual, que evita cuidadosamente a complexidade e gere de maneira centralizada a grande maioria dos processos técnicos. Por exemplo, na química sintética, as diferentes etapas reacionais são em geral cuidadosamente separadas umas das outras e as contribuições ligadas à difusão dos reativos são evitadas por braçagem (*brassage*). Uma tecnologia inteiramente nova deverá ser desenvolvida para explorar os grandes potenciais de ideias e de regras dos sistemas auto--organizadores em matéria de processos tecnológicos. A superioridade dos sistemas auto-organizadores é ilustrada pelos sistemas biológicos, em que produtos complexos são formados com uma precisão, uma eficiência, uma velocidade sem iguais![19]

Eu gostaria de sublinhar a convergência entre os resultados da termodinâmica de não equilíbrio e as filosofias de Bergson ou Whitehead. O possível é mais rico que o real. A natureza apresenta-nos, de fato, a imagem da criação, da imprevisível novidade. Nosso universo seguiu um caminho de bifurcações sucessivas: poderia ter seguido outros. Talvez possamos dizer o mesmo sobre a vida de cada um de nós.

---

19 BIEBRACHER, C. K., NICOLIS, G., SCHUSTER, P. *Self-Organization in the Physico-Chemical and Life Sciences*, Relatório *EUR 16546*, European Commission, 1995.

Mas a física de não equilíbrio foi apenas uma etapa no caminho que trilhei. Os resultados que acabo de apresentar encorajaram-me a enfrentar uma questão mais fundamental: "Quais são as raízes do tempo no nível microscópico?" Recordamos o papel das flutuações neste capítulo. Mas como compreender essas flutuações? Como reconciliar o papel delas com a descrição determinista e reversível inerente à formulação tradicional das leis da natureza? Aqui, a distinção entre processos dissipativos no equilíbrio ou longe do equilíbrio perde sua pertinência: o que está em causa é a própria noção de processo dissipativo. Voltamos, pois, ao tema principal deste livro, introduzido no capítulo anterior: a extensão das leis da natureza que permita incorporar a elas as probabilidades e a irreversibilidade. Este caminho também foi longo e os resultados, inesperados. Talvez a principal dificuldade tenha sido de ordem psicológica: como ousar questionar essas construções únicas do espírito humano que são a mecânica clássica e a mecânica quântica? Como não suspeitar a cada passo de um erro de lógica ou de matemática? Devo confessar que essas dúvidas me proporcionaram muitas noites sem sono. Sem o apoio de alguns colegas e a ajuda de jovens pesquisadores apaixonados e devotados, sem dúvida eu teria desistido. Eis-nos, pois, no limiar dos problemas a que este livro é dedicado.

CAPÍTULO 3

DAS PROBABILIDADES
À IRREVERSIBILIDADE

I

Como acabamos de ver, os processos irreversíveis descrevem propriedades fundamentais da natureza. Eles nos permitem compreender a formação de estruturas dissipativas de não equilíbrio. Esses processos não seriam possíveis num mundo regido pelas leis reversíveis da mecânica clássica ou quântica. As estruturas dissipativas exigem a introdução de uma flecha do tempo. É impossível compreender o aparecimento delas por aproximações que introduziríamos em leis reversíveis em relação ao tempo.

Sempre tive a convicção de que aprofundar a origem microscópica das propriedades dissipativas e, de um modo mais geral, da complexidade, era um dos problemas conceituais mais fascinantes da ciência contemporânea. A solução apresentada neste livro já foi esboçada ao longo do capítulo 1: quando estamos diante de sistemas instáveis, devemos formular as leis da dinâmica no nível *estatístico*. Isso, por certo, muda de maneira radical a nossa descrição da natureza, uma vez que os objetos fundamentais da física não são mais trajetórias ou funções de onda, mas sim probabilidades. Durante muito tempo, hesitei diante dessa conclusão radical. A questão era saber se a descrição tradicional devia ser abandonada ou se os sistemas instáveis não exigiam simplesmente uma outra descrição, equivalente à descrição usual, que permaneceria, portanto, válida. Desta maneira, os sistemas dinâmicos instáveis teriam levado a um novo tipo de complementaridade. Em meu livro *From Being to Becoming*, escrevi: "na mecânica quântica, existem grandezas cuja medida não pode ser feita simultaneamente, por exemplo as coordenadas e os momentos. (Este é o conteúdo das relações de incerteza de Heisenberg e do princípio de complementaridade de Bohr.) Também aqui temos uma complementaridade, desta vez entre a descrição dinâmica e a descrição termodinâmica".[1]

Retrospectivamente, lamento esse enunciado, que corresponde a uma solução muito menos radical do que a que apresento aqui. De fato, se existisse mais de uma descrição possível, quem escolheria a certa? A existência de uma flecha do tempo não é uma questão de conveniência. É um fato imposto pela observação. No entanto, foi apenas nestes últimos anos que pudemos mostrar que os sistemas dinâmicos instáveis nos forçavam a uma reformulação da dinâmica que constitui realmente uma extensão da mecânica clássica e quântica. Este capítulo será consagrado à descrição de certos aspectos cruciais que este processo implica.

Há cerca de um século, sabemos que mesmo os processos probabilistas mais simples são orientados no tempo. No capítulo 1, mencionamos o movimento browniano associado ao modelo de caminhada aleatória (*random walk*). Outro exemplo simples é o modelo das urnas proposto por P. e T. Ehrenfest.[2] Tomemos N objetos (por exemplo, bolas) distribuídos entre duas urnas A e B. A intervalos regulares de tempo (por exemplo, a cada segundo),

---

1 PRIGOGINE, I. *From Being to Becoming*. San Francisco: W. H. Freeman, 1980. p.174 (ed. francesa *Temps et devenir*. Paris: Masson, 1980).

2 EHRENFEST, P., EHRENFEST, T. *Conceptual Foundations of Statistical Mechanics*. (Reimpr. Ithaca: Cornell University Press, 1959).

uma bola é escolhida ao acaso e transferida de uma urna para outra. Suponhamos que no instante n haja k bolas em A e portanto $N-k$ bolas em B. No instante $n + 1$, pode haver em A ou $k - 1$ bolas, ou $k + 1$ bolas. As probabilidades de transição são bem definidas. Continuemos o jogo. Podemos esperar que a transferência das bolas acabe criando uma situação em que há cerca de $N/2$ bolas em cada urna. Esta distribuição estará sujeita a flutuações. Pode até ser que voltemos à situação do instante n, quando havia k bolas na urna A. É somente no nível da distribuição das probabilidades que podemos descrever a aproximação irreversível do equilíbrio. Seja qual for o ponto de partida, pode-se mostrar que a probabilidade $\rho_n(k)$ de encontrar k bolas numa urna depois de n transferências tende, para $n \to \infty$, à distribuição binomial $N!/k!\ (N–k)!$. Essa grandeza assume seu valor máximo para $k = N/2$, mas também permite descrever as flutuações da distribuição.

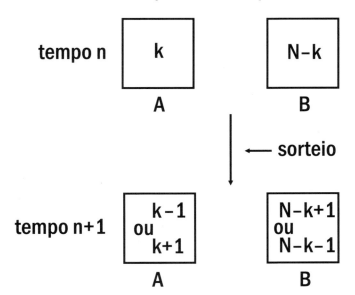

FIGURA 3.1 – O modelo das urnas de Ehrenfest: N bolas são distribuídas entre as duas urnas A e B. No instante n, existem k bolas em A e $n–k$ bolas em B. No instante seguinte, uma bola tomada ao acaso passa da urna onde estava para a outra.

O modelo de Ehrenfest é um exemplo de *processo de Markov* (ou de *cadeia de Markov*), do nome do grande matemático russo que foi o primeiro a estudar este tipo de processo probabilista. Acabamos de ver que, quando temos um processo probabilista deste tipo, é fácil de ele deduzir a irreversibilidade. Mas como vincular as probabilidades à dinâmica? Este é o nosso problema fundamental.

Tomemos um sistema regido pela dinâmica clássica. Como definir o equilíbrio que ele pode alcançar? Qual será a forma da distribuição de probabilidade correspondente? Sejam q_1... q_s as coordenadas e p_1... p_s os momentos das partículas que constituem o sistema. Como no capítulo 1, seção III, em que introduzimos o espaço das fases cujas dimensões são as coordenadas e os momentos, utilizaremos q para designar todas as coordenadas e p, todos os momentos. Podemos introduzir a distribuição de probabilidade $\rho(q, p)$ e definir o equilíbrio como o estado em que essa distribuição é independente do tempo. Em todos os manuais, o leitor poderá encontrar a demonstração de que ρ é *independente do tempo quando depende apenas da energia total do sistema*, ou seja, da soma da energia cinética, ligada ao movimento das partículas, e da energia potencial, ligada às suas interações. A energia total expressa em termos de q e de p chama-se *o hamiltoniano* $H(q,p)$. Por definição, a evolução dinâmica de um sistema conserva sua energia total e, portanto, seu hamiltoniano. É, pois, natural que, no equilíbrio, ρ seja função apenas do hamiltoniano.

Um caso particular importante é o dos conjuntos de que todos os sistemas têm a mesma energia total E. Neste caso, a distribuição ρ é nula em todo o espaço das fases, exceto na superfície $H(q,p) = E$, onde ela é constante. Esses conjuntos são chamados "microcanônicos". Gibbs mostrou que eles satisfazem às leis da termodinâmica de equilíbrio para os sistemas isolados. Ele estudou também outros conjuntos, como o conjunto canônico em que todos os sistemas interagem com um reservatório na temperatura T (por exemplo, os sistemas em equilíbrio térmico com o ambiente).

O FIM DAS CERTEZAS

Neste caso, a função de distribuição ρ depende exponencialmente do hamiltoniano, ela é proporcional a $exp(-H/kT)$, onde k é a constante universal de Boltzmann (que faz do expoente um número sem dimensão).

Quando a distribuição de equilíbrio é dada, podemos calcular todas as propriedades termodinâmicas de equilíbrio, como pressão, calor específico etc. Podemos até ir além da termodinâmica macroscópica e incorporar as flutuações. Geralmente se admite que o vasto campo da termodinâmica estatística de equilíbrio não levanta mais problemas conceituais, mas apenas problemas de cálculo, que podem ser resolvidos por simulação numérica. A aplicação da teoria dos conjuntos às situações de equilíbrio foi, portanto, coroada de êxito. Mas como descrever *a aproximação do equilíbrio* nos sistemas dinâmicos?

Se a mecânica estatística de equilíbrio pode ser considerada bem estabelecida, o mesmo não se pode dizer da mecânica estatística de não equilíbrio. Esta área continua sendo o campo de confrontos entre a mecânica clássica ou a mecânica quântica, que ignoram a irreversibilidade, e a termodinâmica, com seu segundo princípio associado ao aumento da entropia. Como obter a evolução irreversível da distribuição de probabilidade quando ela é definida em termos de variáveis dinâmicas, regidas por equações simétricas em relação ao tempo? Estamos no coração do problema resolvido por nossa extensão da dinâmica. Para precisá-lo, apresentarei primeiro alguns resultados já conhecidos há muito tempo.[3]

Consideremos um copo d'água. Há nesse copo um número gigantesco de moléculas (da ordem de 10^{23}, escala correspondente ao número de Avogadro). Do ponto de vista dinâmico, trata-se de um sistema não integrável no sentido de Poincaré, pois as colisões entre as moléculas constituem ressonâncias que obstam

---

3 PRIGOGINE, I. *Nonequilibrium Statistical Mechanics*. New York: J. Wiley, 1962; BALESCU, R. *Equilibrium and Nonequilibrium Statistical Mechanics*. New York: J. Wiley, 1975; RÉSIBOIS, P., LEENER, J. de. *Classical Kinetic Theory of Fluids*. New York: J. Wiley, 1977.

a sua representação isomorfa à de uma população de partículas sem interações (vide capítulo 1). Essas colisões serão definidas de maneira mais precisa no capítulo 5, mas as consideraremos aqui no sentido intuitivo. Podemos descrever a água, constituída por esse número gigantesco de moléculas, em termos de conjuntos, ou seja, representá-la por uma distribuição de probabilidade ρ. A água envelhece? Certamente não, se considerarmos as moléculas individuais que são estáveis por períodos geológicos de tempo. No entanto, podemos pôr em evidência uma ordem temporal natural no nível estatístico, estudando *a evolução da distribuição de probabilidade sob o efeito das colisões*. A noção central é, aqui, a de correlação. Ao longo do tempo, nascem correlações que depois se propagam. Procuremos, primeiro, precisar esse mecanismo.

Tomemos uma distribuição de probabilidade $\rho(x_1, x_2)$ que depende de duas variáveis, x_1 e x_2. Se essas variáveis forem independentes, poderemos fatorar a distribuição, ou seja, escrever $\rho(x_1, x_2) = \rho(x_1)\rho(x_2)$. A probabilidade $\rho(x_1, x_2)$ é, então, o produto de duas probabilidades. Quando essa fatoração não é possível, as grandezas x_1 e x_2 são *correlatas*. Voltemos às moléculas do copo d'água. As colisões entre as moléculas têm dois efeitos: elas tornam a distribuição das velocidades mais simétrica e criam correlações entre essas moléculas (vide Figura 3.2).

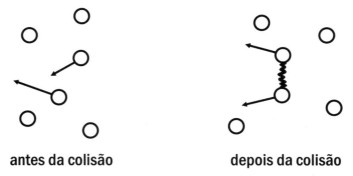

FIGURA 3.2 – A colisão entre duas partículas cria entre elas uma correlação (representada por uma linha ondulada).

Mas uma partícula correlata com uma outra encontrará em seguida uma terceira partícula. As correlações binárias transformam-se, pois, em correlações ternárias etc. Temos, a partir daí, um fluxo de correlações *ordenado no tempo*. A analogia mais próxima de um tal fluxo seria a comunicação entre humanos. Quando duas pessoas se encontram, elas se comunicam. Depois de se separarem, elas se lembram de seu encontro, e encontros ulteriores levam à disseminação de seus efeitos. Podemos falar de fluxo de comunicação numa sociedade, exatamente como há um fluxo de correlações na matéria.

Naturalmente, a dinâmica impõe que se conceba a possibilidade de processos inversos, que tornam a distribuição das velocidades *menos* simétrica, *destruindo* as correlações. Este processo não tem análogo social, pois decorre da simetria das equações da dinâmica. Precisamos, pois, de um elemento que privilegie os processos, tornando mais simétrica a distribuição das velocidades. Como veremos, será precisamente este o papel das ressonâncias de Poincaré.

Começamos a entender a maneira como a irreversibilidade pode aparecer no nível estatístico. Trata-se de construir uma *dinâmica das correlações* e não mais uma dinâmica das trajetórias. Uma condição necessária é a não integrabilidade no sentido de Poincaré, pois se o sistema pode reduzir-se a um sistema de partículas sem interações, não haverá nem colisões nem fluxo de correlações.

A existência de um fluxo de correlações orientado no tempo, como o representa a Figura 3.3, foi verificada por simulações numéricas em computador.[4] Mostram elas também que se podem produzir processos correspondentes à Figura 3.4 por inversão simultânea da velocidade de todas as partículas. No entanto, essa inversão do tempo só pode ser realizada para curtas durações, depois do que se observa de novo um fluxo de correlações que

---

4 BELLEMANS, A., ORBAN, J. *Phys. Letters*, 24A, 1967. p.620.

implica um número cada vez maior de partículas e leva o sistema ao equilíbrio.

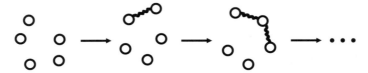

FIGURA 3.3 – Fluxo de correlações: as colisões sucessivas criam correlações binárias, ternárias...

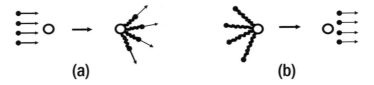

FIGURA 3.4 – (a) As partículas (pontos negros) interagem com um obstáculo (círculo). Após a colisão, as velocidades diferem (sua distribuição tornou-se mais simétrica) e as partículas são correlatas com o obstáculo. (b) Processo produzido por inversão das velocidades em relação ao caso (a): após a colisão com o obstáculo, as correlações são destruídas e todas as partículas ganham a mesma velocidade (distribuição menos simétrica).

Até estes últimos anos, certas questões ligadas à dinâmica das correlações permaneciam abertas. Como justificar o fato de que essa formulação ponha em evidência a irreversibilidade no nível estatístico, ao passo que essa irreversibilidade está ausente das descrições em termos de trajetórias? Não é isso o resultado de aproximações? E o fato de que não podemos inverter o tempo no computador para longas durações não se deve simplesmente à potência de cálculo limitada de nossos computadores? É evidente que é mais fácil, tanto do ponto de vista experimental quanto da elaboração de um programa, preparar partículas não correlatas que, ao longo de suas colisões, vão produzir correlações, do que preparar partículas correlatas cujas correlações serão ulteriormente destruídas por colisões.

Podemos também nos perguntar por que é necessário partir das distribuições de probabilidade. Afinal, elas descrevem os comportamentos de conjuntos, de feixes de trajetórias. Será que utilizamos os conjuntos por causa de nossa ignorância ou será que há, como já sugerimos no capítulo 1, uma razão mais profunda? Tentemos responder a estas questões partindo de um exemplo simples, o das aplicações caóticas (*chaotic maps*).

II

As aplicações caóticas fornecem um exemplo de caos determinista. Na dinâmica clássica ou quântica, o tempo age de maneira contínua. Em compensação, nos casos das aplicações que vamos estudar, e como no das urnas de Ehrenfest, a transformação se faz por intervalos regulares de tempo. Essa discretização do tempo leva a uma forma simplificada de equações do movimento que permite uma comparação mais fácil entre o nível individual de descrição (as trajetórias) e o nível estatístico.

Tomemos inicialmente um exemplo simples de aplicação que leva a um comportamento periódico. A equação de movimento da aplicação é $x_{n+1} = x_n + 1/2$ (módulo 1). Módulo 1 significa que só consideramos os números compreendidos entre 0 e 1. Se o número resultante da aplicação ultrapassar 1, reduzimo-lo a esse intervalo, subtraindo a unidade. Partamos de $x_0 = 1/4$. A aplicação dá sucessivamente $x_1 = 3/4$ e $x_2 = 5/4$ (módulo 1), isto é, $1/4$. Depois de duas operações, retornamos, pois, ao ponto de partida.

Em vez de considerar pontos individuais associados a trajetórias, consideremos agora o conjunto descrito pela distribuição de probabilidade $\rho(x)$. Recordemos aqui o fato de que a trajetória corresponde, então, a um caso especial de conjunto, já que a distribuição de probabilidade se reduz aí a um ponto. Se a coordenada tiver o valor x_n, a função de distribuição terá a forma $\rho_n(x) = \delta(x - x_n)$, como já mencionamos no capítulo 1, seção III. A expressão $\delta(x - x_n)$ corresponde a uma função generalizada ou singular que se anula para todos os valores do argumento x, exceto para $x = x_n$. Utilizar a distribuição de probabilidade significa que a aplicação será definida pela relação entre $\rho_{n+1}(x)$ e $\rho_n(x)$. Formalmente, $\rho_{n+1}(x)$ é obtido por um operador U que age sobre $\rho_n(x)$: $\rho_{n+1}(x) = U\rho_n(x)$. Este operador chama-se operador de *Perron-Frobenius*.[5] Neste estádio, a forma explícita deste operador não tem importância. Basta sublinhar que nenhum elemento novo em relação à equação de movimento entra em sua definição. Evidentemente, a descrição em termos de conjunto deve trazer de volta a descrição individual como caso particular, o que significa que $\delta(x - x_{n+1}) = U\delta(x - x_n)$. Esta é, muito simplesmente, uma maneira de escrever que depois de um passo x_n se torna x_{n+1}.

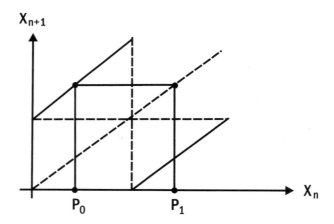

FIGURA 3.5 – Aplicação periódica. Cada ponto das linhas contínuas representa um par (x_t, x_{t+1}) definido pela aplicação. A aplicação transforma o ponto P_0 em P_1.

Nossa questão central pode ser formulada assim: *Há uma única solução para a evolução de conjuntos descritos pelo operador*

---

[5] LASOTA, A., MACKEY, M. *Probabilistic Properties of Deterministic Systems*. Cambridge: Cambridge University Press, 1985.

de Perron-Frobenius, ou aparecem novas soluções no nível estatístico que não podem ser expressas em termos de trajetórias? No exemplo da aplicação periódica que acabamos de apresentar, a resposta é *não*. Isto não é de espantar, pois se trata de um exemplo de comportamento dinâmico estável, correspondente a um sistema integrável. Neste caso, há sim uma equivalência entre o ponto de vista individual (correspondente às trajetórias) e o ponto de vista estatístico (correspondente aos conjuntos). Para que essa equivalência seja rompida, é preciso que nos voltemos para um modelo de sistema dinâmico instável; e, no caso, para um exemplo muito simples de aplicação caótica, *a aplicação de Bernoulli*.

A equação de movimento correspondente à aplicação de Bernoulli é $x_{n+1} = 2 x_n$ (módulo 1). Duplica-se, portanto, o valor de x a cada passo, módulo 1. Esta aplicação é representada na Figura 3.6.

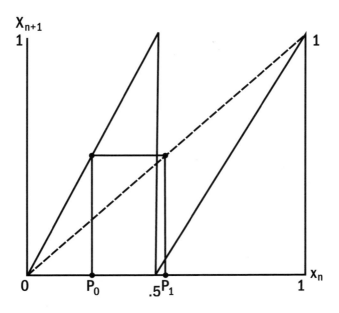

FIGURA 3.6 – Aplicação de Bernoulli. A aplicação transforma o ponto P_0 em P_1.

Ressaltemos o fato de que a equação do movimento é de novo determinista. Se conhecemos x_n, o número x_{n+1} é determinado. Temos aqui um exemplo de caos determinista. Com efeito, trajetórias calculadas a partir de pontos iniciais vizinhos divergem ao longo do tempo. Como a coordenada é duplicada a cada passo, a divergência é proporcional a $2n$ depois de n passos, ou seja, $exp(nlg2)$. Se passamos ao limite dos tempos contínuos, a divergência torna-se proporcional a $exp(\lambda t)$, com $\lambda = lg2$; ela tem, pois, o caráter de uma divergência exponencial ao longo do tempo; λ é chamado o expoente de Lyapounov (um sistema caótico tem pelo menos um expoente *positivo* de Lyapounov). A Figura 3.7 mostra o caráter errático das trajetórias geradas: ao longo do tempo, a trajetória aproxima-se tanto quanto quisermos de todo ponto compreendido entre 0 e 1.

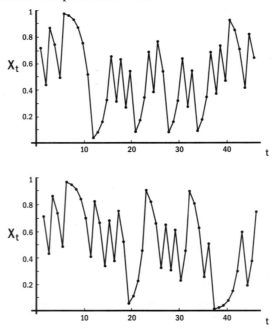

FIGURA 3.7 – Duas simulações numéricas de trajetória gerada pela aplicação de Bernoulli. As condições iniciais de (a) e de (b) são ligeiramente deferentes e as trajetórias correspondentes divergem ao longo do tempo.

Voltemo-nos agora para a descrição estatística em termos de operador de Perron-Frobenius. A Figura 3.8 mostra o resultado da aplicação desse operador sobre uma função de distribuição. O contraste é impressionante. Ao passo que a trajetória permanece errática, a função $\rho_n(x)$ tende rapidamente para um valor constante.

Vemos, pois, que deve existir *uma diferença fundamental entre a descrição em termos de trajetórias, por um lado, e em termos de conjunto, por outro*. A instabilidade no nível da trajetória leva a um comportamento estável no nível da descrição estatística.

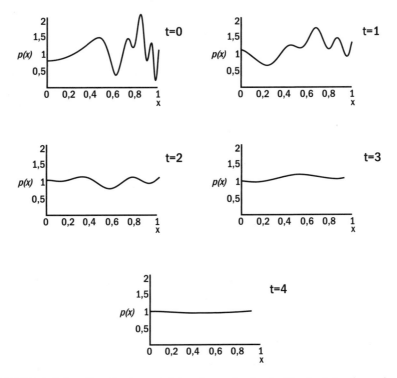

FIGURA 3.8 – Simulação numérica da evolução da distribuição de probabilidade para a aplicação de Bernoulli. Em contraste com a descrição em termos de trajetória, a distribuição de probabilidade converge rapidamente para seu valor de equilíbrio.

Como é possível? O operador de Perron-Frobenius admite ainda uma solução correspondente à trajetória, que é $\delta(x - x_{n+1})$ = $U \delta (x - x_n)$. Mas o fato novo e inesperado é que ele admite, além disso, *novas soluções*, que só são aplicáveis aos conjuntos estatísticos e não às trajetórias individuais. A equivalência entre o ponto de vista individual e o ponto de vista estatístico é rompida.

Este notável fato abre um novo capítulo nas relações entre matemáticas e física teórica.[6] Ele permite conferir um sentido ao que podemos chamar de "as leis do caos".[7] e isto no nível estatístico. Como veremos no capítulo 4, torna-se até possível determinar a velocidade com a qual a distribuição ρ se aproxima do equilíbrio (isto é, um valor constante no caso da aplicação de Bernoulli) e estabelecer a relação entre essa velocidade de aproximação e o expoente de Lyapounov.

Como entender a diferença entre descrição individual e descrição estatística? Analisaremos de mais perto a situação no capítulo seguinte. Veremos que as novas soluções exigem que as funções de distribuição sejam *lisas*, razão pela qual elas não são aplicáveis ao caso das trajetórias individuais que, como vimos, são representadas por funções singulares $\delta(x - x_n)$. A função delta, não nos esqueçamos, é diferente de zero somente para $x = x_n$ e se anula tão logo x difere de x_n, por pouco que seja.

A descrição em termos de funções de distribuição é, portanto, mais rica do que a que se faz em termos de trajetórias individuais. Já o havíamos registrado no capítulo 1, seção III. O fato de levar em conta conjuntos estatísticos não corresponde a uma descrição aproximada; muito pelo contrário, ela permite

---

6 Vide RUELLE, D. *Phys. Rev. Lett.*, v.56, p.405, 1986, e *Commun. Math. Phys.*, v.125, p.239, 1989; HASEGAWA, H., SAPHIR, W. C., *Phys. Rev. A*, v.46, p.7401, 1993; HASEGAWA, H., DRIEBE, D. Intrinsic irreversibility and the validity of the kinetic description of chaotic systems, *Physical Review* E. L, p.1781-809, 1994; GASPARD, P. *J. of Physics A*, v.25, L483, 1992; ANTONIOU, I., TASAKI, S. *J. of Physics A: Math. Gen.*, v.26, p.73, 1993 e *Physics A*, v.190, p.303, 1992.

7 PRIGOGINE, I. *Les lois du chaos*. Paris: Flammarion, 1994.

incorporar o caráter caótico das transformações. É por isso que podemos dizer que as leis da dinâmica devem agora exprimir-se em termos de conjuntos. As trajetórias são, de fato, as únicas soluções da equação de Perron-Frobenius para as aplicações estáveis. Mas as novas soluções abrem o caminho para a descrição dos sistemas caracterizados pelas ressonâncias de Poincaré (vide capítulos 5 e 6) e é a elas que pediremos o significado dinâmico do fluxo de correlações, que não teria nenhum sentido no nível das trajetórias individuais.

A ruptura da equivalência entre a descrição individual e a descrição estatística é o ponto central de nossa abordagem. No próximo capítulo, vamos discutir de maneira mais aprofundada estas novas soluções que aparecem no nível estatístico. Sublinhemos, antes de encerrar esta primeira apresentação, o quanto a situação que acabamos de descobrir lembra a da termodinâmica (capítulo 2). O bom êxito da termodinâmica de equilíbrio atrasou a descoberta das novas propriedades da matéria associadas ao não equilíbrio, como a auto-organização das estruturas dissipativas. Da mesma forma, o bom êxito da teoria clássica das trajetórias e da teoria quântica das funções de onda atrasou a extensão da dinâmica ao nível estatístico, que permite incorporar a irreversibilidade na descrição fundamental da natureza.

CAPÍTULO 4
AS LEIS DO CAOS

I

Acabamos de apresentar o elemento essencial, aquele que nos levará à extensão da mecânica clássica e quântica para os sistemas dinâmicos instáveis: é a ruptura da equivalência entre descrição individual em termos de trajetórias e descrição em termos de conjuntos estatísticos. Neste capítulo, vamos analisar essa extensão de maneira mais precisa no caso das aplicações caóticas simples introduzidas no capítulo anterior e mostrar a relação que existe entre este resultado e desenvolvimentos matemáticos recentes.[1] Vamos começar voltando à aplicação de Bernoulli: a partir das equações de movimento $x_{n+1} = 2x_n$ (módulo 1), podemos calcular x_n para todo instante n, desde que conheçamos a condição inicial x_0.

---

1 Vide as referências no capítulo 3, mas também COLLET, P., ECKMAN, J. *Iterated Maps on the Interval as Dynamical Systems.* Boston: Birckhäuser, 1980; SHIELDS, P. *The Theory of Bernoulli Shifts.* Chicago: University of Chicago Press, 1973.

O aspecto aleatório dessa aplicação, que faz dela um modelo de caos determinista, pode ser facilmente entendido se utilizarmos uma representação binária. Como vimos, a aplicação é limitada a números x compreendidos entre 0 e 1. Em representação binária, esses números podem ser escritos $x = u_0/2 + u_{-1}/4 + u_{-2}/8 + \ldots$ com $u_i = 0$ ou 1 (utilizamos índices negativos para tornar mais clara a conexão com a transformação do padeiro, estudada na seção III). Cada número é, pois, representado por uma série de decimais que são termos binários. Observe-se que $x = 1$ corresponde aqui a uma série infinita $0, 11111\ldots$, onde todos os u_i são iguais a 1. Podemos, então, mostrar facilmente que a aplicação de Bernoulli corresponde a um *afastamento* (*décalage*) sofrido por cada termo da série. Tomemos como exemplo $x = 0,25$, que se escreve $x = 0,0100\ldots$ na representação binária. O termo u_{-1} é, portanto, igual a 1, sendo nulos todos os outros. A aplicação que duplica o valor de x dará $x' = 0,5$. Desta vez, é o termo binário u_0' que é igual a 1, sendo nulos todos os outros. Podemos, pois, concluir que a aplicação transformou u_0 em $u_0' = u_{-1}$. De uma maneira geral, na nova coordenada resultante da aplicação de Bernoulli, o valor de cada termo u'_n é o que, na coordenada original, o termo u_{n-1} tinha. Por exemplo, $u'_{-3} = u_{-4}$. A aplicação de Bernoulli afasta, assim, os termos u_i. Como os valores dos diferentes termos da série são independentes uns dos outros, o resultado de cada afastamento sucessivo é um processo tão aleatório quanto o resultado de um jogo de cara ou coroa. É por isso que se fala de "afastamento de Bernoulli", em memória de Jacob Bernoulli, o grande pioneiro, no século XVIII, da teoria dos jogos de azar. A representação binária também põe em evidência a sensibilidade às condições iniciais: dois números que diferem pouco, por exemplo pelo valor de u_{-40} (isto é, por um número menor que 2^{-39}!), diferirão em 1/2 depois de 40 passos. Como já explicamos, essa sensibilidade às condições iniciais corresponde a um valor positivo do expoente de Lyapounov – assinatura do caos – que, neste caso, é igual a *log2*.

A aplicação de Bernoulli introduz logo de saída uma direção privilegiada do tempo. Se, em vez de $x_{n+1} = 2x_n$ (módulo 1), tomamos a aplicação inversa, $x_{n+1} = x_n/2$, obteremos um ponto atrator único, correspondente a $x = 0$, para o qual convergirão todas as trajetórias, seja qual for a condição inicial. A simetria do tempo é, portanto, quebrada no nível da equação do movimento. Não se trata de um modelo de equações dinâmicas reversíveis. Introduziremos um modelo de aplicação reversível, a transformação do padeiro, na seção III deste capítulo.

A despeito dessa limitação, a aplicação de Bernoulli mostra bem por que a descrição em termos de trajetórias se torna inadequada quando se trata da evolução temporal de sistemas caóticos, mesmo se estes forem regidos por equações deterministas. Como o sublinhara Duhem já em 1906, a noção de trajetória só é um modo de representação adequado se a trajetória permanecer aproximadamente a mesma quando modificamos ligeiramente as condições iniciais.[2] As questões que levantamos na física devem ter uma resposta robusta, que resista a formulações superficiais e aproximadas. A descrição em termos de trajetórias dos sistemas caóticos não tem esse caráter robusto. Este é o significado mesmo da sensibilidade às condições iniciais.

A descrição no nível estatístico, pelo contrário, não apresenta essa dificuldade. É, portanto, nesse nível estatístico que devemos formular as leis do caos e é também nesse nível, como vimos no capítulo anterior, que o operador de Perron-Frobenius U, que transforma a distribuição de probabilidade $\rho_n (x)$ em $\rho_{n+1} (x)$, admite novas soluções. O estudo dessas soluções novas no nível estatístico pertence a um campo físico e matemático recente, em rápida expansão. Para nós, esse estudo apresenta um interesse muito especial, pois as aplicações caóticas correspondem provavelmente ao caso mais simples em que se coloca a questão

---

2 DUHEM, P. *La théorie physique*. Son objet. Sa structure. Reeditado por Paris: Vrin, 1981, toda a 2ª parte do capítulo III.

da irreversibilidade. Pense-se no gás a partir do qual Boltzmann propôs sua interpretação da entropia. Tratava-se de um sistema que continha um número considerável de partículas (da ordem de 10^{23}!). Por contraste, temos aqui um sistema definido por um pequeno número de variáveis independentes (uma só para a aplicação de Bernoulli, duas para a transformação do padeiro, que vamos estudar). Neste caso, não é concebível recorrer à nossa ignorância ou a aproximações e, contudo, a propriedade essencial que está na origem da irreversibilidade já aparece. É essa propriedade, o aparecimento de uma nova classe de soluções associada à descrição estatística, que vamos explicitar.

II

Eis-nos, pois, diante do problema central deste livro, a solução do problema dinâmico no nível estatístico. Vimos no capítulo 3, seção II, que este problema se formula em termos de relação de recorrência: $\rho_{n+1}(x) = U\rho_n(x)$. A função de distribuição $\rho_{n+1}(x)$ depois de $n + 1$ aplicações se obtém pela ação do operador U sobre $\rho_n(x)$, a função de distribuição depois de n aplicações.

A noção de operador foi originalmente introduzida na física no contexto da teoria quântica, e isto por razões que recordaremos no capítulo 6. A mecânica quântica não podia ser formulada sem operadores, mas o uso dos operadores estendeu-se progressivamente a outros campos da física, e especialmente à mecânica estatística. De fato, um operador nada mais é do que uma prescrição que exprime uma maneira de agir sobre uma função dada. Pode tratar-se de multiplicá-la, de diferenciá-la, em suma, de fazê-la sofrer uma operação matemática. Mas a definição de um operador implica também a especificação de seu domínio. Sobre que tipo de função age o operador? Trata-se de funções regulares? Limitadas? Que propriedades devem elas ter? As propriedades das funções assim precisadas definem o espaço das funções.

Em geral, um operador que age sobre uma função transforma-a numa função diferente. Por exemplo, se o operador O corresponde a uma derivação d/dx, ele transformará a função x^2 em $2x$. No entanto, para cada operador, existem funções particulares que permanecem invariantes quando ele age sobre elas, a menos de um fator multiplicativo.

Assim, em nosso exemplo, a função e^{kx} é invariante em relação à derivação, ela se vê apenas multiplicada por k. Estas funções são chamadas *funções próprias* do operador, e os números que as multiplicam, *valores próprios*. Um teorema fundamental estabelece que podemos escrever um operador em termos de suas funções próprias e de seus valores próprios. Todavia, funções próprias e valores próprios dependem do espaço das funções.

Um espaço das funções de uma importância excepcional é o espaço de Hilbert, tradicionalmente associado à mecânica quântica. Ele só contém funções normais, regulares, por oposição às funções singulares, generalizadas, de que encontramos um exemplo com a função δ. Ora, como veremos, precisaremos deste último tipo de função para introduzirmos a irreversibilidade na descrição estatística. Cada teoria física nova precisa de instrumentos matemáticos novos. Deste ponto de vista, a novidade essencial será aqui a necessidade de ir além do espaço de Hilbert, para podermos abordar os sistemas dinâmicos instáveis.

Depois destas considerações preliminares, voltemos à aplicação de Bernoulli. Neste caso, é fácil obter a forma explícita do operador de evolução U. O resultado é $U\rho_n (x) = \rho_{n+1} (x) = 1/2 (\rho_n (x/2) + \rho_n (x/2 + 1/2))$. Esta equação significa que após $n + 1$ iterações, a probabilidade $\rho_{n+1} (x)$ no ponto x é determinada pelos valores de $\rho_n (x)$ nos pontos $x/2$ e $x/2 + 1/2$. Vê-se que se ρ_n for uma constante, digamos α, ρ_{n+1} será também igual a essa mesma constante α, pois $U\alpha = 1/2 (\alpha + \alpha) = \alpha$. A distribuição uniforme $\rho = \alpha$ corresponde ao equilíbrio. É a função de distribuição que é alcançada por iteração para $n \rightarrow \infty$.

Por outro lado, se $\rho_n (x) = x$, obtemos $\rho_{n+1}(x) = \dfrac{x}{2} + \dfrac{1}{4}$. Em outros termos, $Ux = \dfrac{1}{2}x + \dfrac{1}{4}$. A função x não é uma função própria. O operador U transforma-a numa outra função. Mas U possui funções próprias que podemos construir facilmente. Assim, $U (x - 1/2) = 1/2 (x - 1/2)$. A função $x - 1/2$ é, portanto, uma função própria do operador U, e $1/2$ é um valor próprio. Se repetirmos n vezes a aplicação de Bernoulli, obteremos $U^n (x - 1/2) = 1/2_n (x - 1/2)$, que tende a zero para $n \to \infty$. Uma contribuição a ρ da forma $(x - 1/2)$ é, portanto, amortecida ao longo do tempo. A velocidade de amortecimento está ligada ao expoente de Lyapounov, que é, como vimos, $1/2$. A função $x - 1/2$ pertence a uma família de polinômios chamados "polinômios de Bernoulli", que se escrevem $B_m(x)$. São as funções próprias de U e têm valores próprios $1/2^m$, onde m é o grau do polinômio.[3] Por conseguinte, quando a probabilidade ρ é representada como uma superposição de polinômios de Bernoulli, ela se torna uma soma de contribuições, cujos diferentes termos se amortecem, e isto tanto mais rapidamente quanto mais alto é seu grau m, já que seu coeficiente de amortecimento é $1/2^m$. Finalmente, ρ tende para uma constante: só a contribuição $B_o(x)$, que é igual a 1, sobrevive.

Devemos, pois, exprimir o operador de Perron-Frobenius U em termos dos polinômios de Bernoulli. É o que chamamos de *representação espectral* do operador. Sua construção corresponde, aqui, à integração de um sistema dinâmico. Com efeito, uma vez conhecida essa representação, podemos utilizá-la para exprimir $U\rho$ em termos de funções próprias, ou seja, explicitar o efeito do operador de Perron-Frobenius sobre a função de distribuição.

No entanto, antes de proceder a isso, devemos novamente sublinhar a distinção entre funções normais e funções singulares,

---

3 Vide os artigos citados na nota 6 do capítulo 3, p.92.

pois aqui ela se torna crucial. Retomemos a mais simples dessas funções singulares, a função $\delta(x)$. Já no capítulo 1, seção III, ressaltamos que uma tal função deve ser utilizada em conjunção com uma função normal. Se $f(x)$ for uma função teste, uma função normal, como x, $sin\ x$ ou $cos\ x$, a integral $\int dx\ f(x)\ \delta(x - x_0)$ se torna igual a $f(x_0)$, o que tem uma significação muito precisa. Em compensação, a integral que conteria um produto de duas funções singulares, como, por exemplo, $\int dx\ \delta(x - x_0)\ \delta(x - x_0)$, divergiria e seria carente de significação.

Ora, a situação notável que caracteriza o caos determinista é que o conjunto dos polinômios de Bernoulli $B_m(x)$, que apresentamos anteriormente, não é o único conjunto de funções próprias do operador de Perron-Frobenius. Existe um segundo, $\tilde{B}_m(x)$ que, por seu lado, ao contrário do primeiro, não é constituído de funções normais, mas sim de funções singulares ligadas às funções δ. Ora, para obter a representação espectral de U e, portanto de $U\rho$, precisamos de dois conjuntos de funções próprias. É por esta razão que se dá *a ruptura da equivalência entre o nível individual e o nível estatístico*: a formulação estatística da aplicação de Bernoulli só diz respeito às funções de distribuição ρ normais, e não às trajetórias individuais que, como vimos, correspondem a funções singulares δ. A expressão $U\delta$ contém produtos de funções singulares que divergem e são carentes de significação. Em compensação, para uma distribuição regular ρ, obtemos resultados novos que vão além da descrição em termos de trajetórias. Chegamos, assim, a uma primeira formulação dinâmica explícita dos processos irreversíveis que levam o sistema ao equilíbrio, e isto com tempos de relaxação bem definidos, ligados ao expoente de Lyapounov. Como já havíamos ressaltado no capítulo 1, seção III, o fato de que este resultado seja mais completo do que aquele em termos de trajetórias traduz a incorporação da microestrutura complexa do espaço das fases na função de distribuição.

Obter a representação espectral de um operador, em termos de suas funções próprias e de seus valores próprios é o problema central tanto da mecânica quântica quanto da mecânica estatística. Em ambos os casos, quando a representação espectral pode ser construída, o problema está resolvido (como o problema da integração na dinâmica clássica está resolvido se pudermos representar o sistema sob uma forma isomorfa a um sistema de partículas sem interação). Na mecânica quântica, em sua versão tradicional, a representação espectral é construída somente a partir de funções normais. Por razões históricas, fala-se, neste caso, de "representações espectrais no espaço de Hilbert". No caso das aplicações caóticas, acabamos de ver que devemos sair do espaço de Hilbert, já que precisamos ao mesmo tempo dos $B_m(x)$, que são funções normais, e dos $\tilde{B}_m(x)$, que são funções singulares. Fala-se, então, de espaços de Hilbert generalizados, ou, de maneira mais figurada, "estriados" (*rigged Hilbert spaces*) ou de espaços de Gelfand.[4]

A representação espectral que obtivemos para o operador de Perron-Frobenius é irredutível, no sentido de que ela se aplica a distribuições de probabilidade que correspondem a funções "normais", e não às trajetórias que correspondem a funções singulares. Essa representação espectral vive, por assim dizer, num espaço de Hilbert generalizado e implica funções singulares. Estes resultados são fundamentais, pois são típicos para sistemas instáveis. Tornaremos a encontrá-los em nossa generalização da dinâmica clássica (capítulo 5) e da mecânica quântica (capítulo 6).

A extensão do espaço de Hilbert usual a espaços generalizados ou estriados é, portanto, um resultado essencial. A aplicação de Bernoulli é um exemplo interessante por causa de sua simplicidade matemática. Como veremos nos capítulos 5 e 6, é por razões físicas muito precisas que devemos abandonar o espaço de Hilbert quando consideramos os sistemas mais realistas descritos pela dinâmica clássica e quântica. Como havíamos anunciado no capítulo 1, seção III, estas razões estão ligadas ao problema

---

4 Vide, por exemplo, RIESZ, F., SZ-NAGY, B. *Functional Analysis*. (Dover, 1991).

das *interações persistentes*, que exigem uma descrição *holista*, isto é, não local. É ao passar aos espaços de Hilbert generalizados que a equivalência entre descrições individuais e estatísticas é rompida: é então que as leis da natureza podem incorporar a irreversibilidade. Mas, antes, voltemo-nos para um outro exemplo de aplicação que, ao contrário da de Bernoulli, compartilha com a dinâmica a propriedade de corresponder a equações do movimento reversíveis.

III

A aplicação de Bernoulli já introduz uma flecha do tempo na equação de movimento. Não pode, pois, permitir-nos acompanhar o surgimento dessa flecha do tempo. Para acompanhá--lo, vamos voltar-nos para o exemplo mais simples de aplicação reversível, a aplicação do padeiro. Em *A nova aliança* e *Entre o tempo e a eternidade*, a aplicação, ou transformação, do padeiro já desempenhava um papel importante, enquanto exemplo de sistema caótico instável. Retomamos aqui este problema na perspectiva mais geral que hoje adotamos. A transformação do padeiro é uma generalização da aplicação de Bernoulli. Em vez de considerar uma única variável x compreendida num intervalo $[0, 1]$, consideramos duas variáveis, x, y, definidas num quadrado unidade. A transformação consiste em achatar o quadrado em retângulo, sendo este último, em seguida, cortado em dois para reconstituir o quadrado. Ao longo da coordenada horizontal x, o princípio da transformação é o mesmo que o da aplicação de Bernoulli. Dizemos que x é a coordenada dilatante, pois a distância entre dois pontos dobra (módulo 1) a cada transformação. A coordenada y é, pelo contrário, contratante: a distância entre dois pontos diminui pela metade a cada transformação. Consequentemente, a superfície do quadrado é conservada.

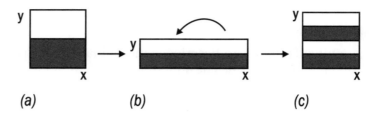

FIGURA 4.1 – A transformação do padeiro.

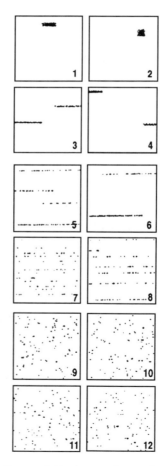

FIGURA 4.2 – Simulação numérica da transformação do padeiro para tempos (número de transformações) crescentes.

A transformação do padeiro pode ser invertida. Basta inverter o papel das coordenadas x (que se torna contratante) e y (que se torna dilatante). O quadrado é, então, não mais achatado em retângulo, mas alongado verticalmente. Uma transformação inversa faz voltar a seu ponto inicial cada ponto do quadrado transformado pela transformação direta. A transformação é, portanto, reversível em relação ao tempo. Também é determinista. Permite calcular a posição de todo ponto do espaço depois de n transformações.

Exatamente como a aplicação de Bernoulli, a do padeiro é um exemplo de caos determinista caracterizado por um expoente positivo de Lyapounov. Este determina a coordenada dilatante x: como em cada transformação a distância entre dois pontos é multiplicada por 2, ela será multiplicada por 2^n depois de n transformações. Podemos escrever 2^n sob a forma $e^{n\log 2}$. O número n de transformações mede o tempo e o expoente de Lyapounov é, portanto, igual a $\log 2$, exatamente como na aplicação de Bernoulli. Mas aqui temos um segundo expoente de Lyapounov, de valor negativo $-\log 2$, que caracteriza a coordenada contratante y.

É interessante estudar o efeito de iterações sucessivas da transformação do padeiro, como o fizemos com a aplicação de Bernoulli (Figura 3.7). Na Figura 4.2, partimos de pontos localizados numa pequena região do quadrado. Vemos claramente o efeito de dilatação que o expoente de Lyapounov positivo traduz. Como as coordenadas são limitadas ao intervalo $[0, 1]$, os pontos são reinjetados, o que leva finalmente a uma distribuição uniforme por todo o quadrado. Podemos também verificar por simulação numérica que se partimos da probabilidade $\rho(x, y)$, esta evolui rapidamente para um valor constante, como na aplicação de Bernoulli.

A representação binária permite, também aqui, pôr em evidência a dimensão caótica, aleatória, da transformação, o *afastamento de Bernoulli* (vide seção I deste capítulo), que afeta as coordenadas de cada ponto. Vimos que na aplicação de Bernoulli a coordenada de cada ponto corresponde, em representação binária, a uma série (infinita, exceto para os números racionais) de termos 0 ou 1, que escrevemos u_0, u_{-1}, u_{-2}, u_{-3}... Conservaremos essa notação para a coordenada dilatante, sendo a coordenada contratante representada pela série u_1, u_2, u_3... caracterizada por índices positivos. Esta notação permite representar um ponto por uma dupla série: ... u_{-n}, ... u_{-1}, u_0, u_1, ... u_n,... Assim, o ponto definido pelas coordenadas $x = 0,25$, $y = 0,25$ será representado por uma dupla série em que só os termos u_{-1} e u_2 são diferentes de zero. O efeito da transformação aparece, então, como um afastamento que afeta essa dupla série: em seguida a uma transformação, cada termo binário assume o valor daquele que o precedia à esquerda, $u'_n = u_{n-1}$. Assim, em nosso exemplo, o novo ponto será definido por $x' = 0,5$ e $y' = 0,125$, isto é, por uma dupla série em que só os termos u_0' e u_3' são diferentes de zero. Depois de uma série de transformações, os valores dos termos que caracterizam a coordenada dilatante tornam a crescer progressivamente e determinam, de transformação em transformação, os da série da coordenada contratante. Como no caso da aplicação de Bernoulli, a série dos termos binários pode ser assimilada ao resultado de uma sucessão de lances de cara ou coroa, e o destino de u_1, por exemplo, $u_1' = u_0$, $u_1'' = u_{-1}$ etc., tem o caráter errático daquele jogo de azar. Convém notar também que essa representação põe em cena a fragmentação sucessiva de todas as regiões do quadrado pelas transformações. O valor do termo u_0 determina, com efeito, se o ponto está na parte esquerda ($u_0 = 0$) ou direita ($u_0 = 1$) do quadrado, ou seja, se ele será ou não reinjetado na parte superior do quadrado pela transformação seguinte (em que o valor de u_0 vai tornar-se o valor de u_1).

A transformação do padeiro compartilha também uma propriedade importante dos sistemas dinâmicos, a propriedade de recorrência. Quando as coordenadas (x, y) de um ponto são números racionais, este ponto é caracterizado por uma dupla série binária, ou finita, ou infinita, mas periódica. Neste último caso, é evidente que, após certo tempo, os pontos terão um comportamento cíclico, repetindo indefinidamente a mesma sequência de transformações. Esta propriedade estende-se aos pontos irracionais como $\sqrt{2}$ ou π. Para entendermos isto, consideremos a representação binária de um número irracional: a série é, então, constituída por uma infinidade de termos que formam uma série aperiódica. A teoria dos números permite mostrar que os números irracionais contêm, nessa representação, qualquer sequência finita de termos. Assim, uma sequência dada de $2m$ termos ao redor da posição u_0, sequência que determina a posição do ponto com um erro de 2^{-m}, reaparecerá infinitamente, muitas vezes sob o efeito da iteração da transformação. Na medida em que podemos escolher m tão grande quanto quisermos (mas finito), isso significa que não importa qual condição inicial gera uma trajetória que passa um número infinito de vezes tão perto quanto quisermos de não importa qual ponto do quadrado (inclusive, é claro, o ponto inicial). Em outras palavras, as trajetórias que têm como ponto de partida um número irracional percorrem a totalidade do espaço das fases. Este é o famoso teorema de recorrência que Poincaré estabeleceu na dinâmica. Durante muito tempo, depois de um argumento proposto por Zermelo, essa recorrência foi utilizada contra a existência possível de processos temporais unidirecionais. Já com base neste exemplo simples da transformação do padeiro, podemos refutá-lo.

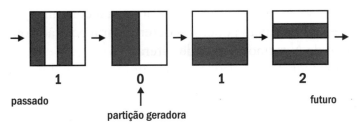

FIGURA 4.3 — Partindo do que é chamado "partição geradora", uma sucessão de transformações do padeiro gera faixas horizontais cada vez mais estreitas e numerosas. Partindo da mesma partição, uma sucessão de transformações inversas geraria faixas verticais.

Em resumo, a dinâmica descrita pela transformação do padeiro é *invertível, reversível em relação ao tempo, determinista, recorrente e caótica*. Estas propriedades fazem dela, portanto, um modelo interessantíssimo, pois são elas que caracterizam numerosos sistemas dinâmicos reais. É impressionante que, apesar da reversibilidade e da recorrência, a propriedade de caoticidade nos permita, como veremos, chegar a uma descrição irreversível de simetria temporal quebrada, e isto no nível estatístico. Apresentemos mais algumas observações preliminares.

A descrição dinâmica implica as leis do movimento e as condições iniciais. Aqui, as leis do movimento são simples, mas o conceito de condição inicial merece uma análise mais aprofundada. A condição inicial de uma trajetória individual corresponde a um conjunto infinito de termos u_{-n}, ..., u_{-1}, u_0, u_1, ... u_n. ($n = \infty$). Ora, sempre temos apenas uma janela finita. Em nosso caso, isto quer dizer que só podemos controlar ou preparar o valor de um número arbitrariamente grande, mas finito de termos u_i. Suponhamos que nos limitemos a $n = 3$. A condição inicial é, então, representada por u_{-2}, u_{-1}, u_0. u_1, u_2, u_3 (o ponto marca a separação entre as séries que correspondem a x e a y). O afastamento de Bernoulli implica que, na transformação seguinte, o ponto será representado pelos valores da dupla série u_{-3}, u_{-2}, u_{-1}. u_0, u_1, u_2, que contém o termo desconhecido u_{-3}. De maneira mais geral, por causa da existência de um expoente de Lyapounov positivo, devemos conhecer a posição inicial com uma precisão de $N + s$ termos para podermos determinar a posição com uma precisão de N termos depois de s iterações.

Na mecânica estatística, a maneira tradicional de enfrentar uma situação deste tipo era introduzir uma distribuição de probabilidade aproximada (*coarse grained*), ou seja, não se referindo a pontos individuais, mas sim a regiões: esta é a solução preconizada por Paul e Tatiana Ehrenfest.[5] Mas, no caso de uma

---

5 Op. cit., 1959.

O FIM DAS CERTEZAS

dinâmica caótica, dois pontos que pertencem originalmente à mesma região, que não podemos, pois, distinguir pela medida do tempo inicial, acabarão sendo distinguidos sob o efeito da coordenada dilatante. O procedimento tradicional que consiste em considerar uma distribuição grosseira não se aplica à evolução dinâmica.

É interessante analisar de maneira mais aprofundada o que significa a aproximação do equilíbrio para a transformação do padeiro.[6] Apesar do fato de que esta admite uma transformação inversa, as evoluções correspondentes, respectivamente $t \to \infty$ e $t \to -\infty$, são diferentes. Para $t \to \infty$, obtemos faixas *horizontais* cada vez mais finas e cada vez mais numerosas (ver Figura 4.3). No limite, *em conjunção com observáveis contínuas na coordenada* y, podemos substituir ρ por uma constante por todo o quadrado. Isto corresponde ao equilíbrio. Da mesma forma, para $t \to -\infty$, obtemos faixas verticais cada vez mais finas e numerosas, e, desta vez, é em conjunção *com observáveis contínuas na coordenada* x que podemos definir a distribuição ρ correspondente ao equilíbrio. Estas condições distintas sobre as observáveis anunciam o resultado que vamos apresentar: a possibilidade de construir no nível estatístico duas representações espectrais irredutíveis, uma aplicável ao futuro e a outra, ao passado.

Nossa tarefa vai, portanto, consistir em separar as duas evoluções temporais distintas compreendidas nas equações do movimento. Para tanto, é preciso ir além da formulação inicial do problema. Temos de mostrar que, para esse sistema caótico, obtemos no nível estatístico duas descrições diferentes, que correspondem respectivamente à aproximação do infinito em nosso futuro (para $t \to \infty$) e em nosso passado (para $t \to -\infty$). Neste ponto, podemos recorrer a um princípio de seleção. Conservamos a primeira, que corresponde à aproximação do equilíbrio em nosso futuro, e excluímos a segunda. Este procedimento vai

---

6 Vide os artigos citados no capítulo 3, nota 6, p.92.

além da dinâmica propriamente dita. Ele implica que se leve em conta a *universalidade* que caracteriza a irreversibilidade. Todos os processos irreversíveis na natureza são caracterizados por uma mesma direção de sua flecha do tempo. Todos produzem entropia na mesma direção do tempo. Esta é a razão pela qual só conservaremos a descrição que corresponde a um equilíbrio alcançado em nosso futuro (para $t \to \infty$). Nos capítulos seguintes, mostraremos que a mesma situação ocorre no caso das classes de sistemas dinâmicos clássicos e quânticos instáveis. A necessidade de recorrer a esse princípio de seleção é a consequência inevitável da simetria das equações do movimento. Deparamo-nos aqui com um aspecto da dissipação, seu caráter universal, sobre o qual tornaremos a falar mais uma vez, pois ele nos leva a colocar a questão da relação entre essa universalidade e o problema cosmológico (vide capítulo 8).

Descrevamos agora de maneira mais minuciosa o nível estatístico da aplicação do padeiro. Estamos, aqui, diante do paradoxo do tempo (vide capítulo 1), pois a dinâmica correspondente a essa aplicação é reversível em relação ao tempo, ao passo que aparecem, porém, processos irreversíveis no nível estatístico.

Como na aplicação de Bernoulli, devemos introduzir o operador de Perron-Frobenius U, aqui definido por $\rho_{n+1}(x, y) = U\rho_n(x,y)$. Um teorema geral[7] enuncia que, para os sistemas dinâmicos que admitem uma transformação inversa, existe uma representação espectral que implica exclusivamente funções normais. Essa representação é, então, definida no espaço de Hilbert. Uma tal representação é conhecida para a aplicação do padeiro,[8] mas não tem nenhum interesse para nós. Não contém nenhuma informação nova em relação às trajetórias, nenhum termo de amortecimento (os valores próprios são módulo 1). Ela

---

7 Vide RIESZ, F., SZ-NAGY, B. *Functional Analysis*, op. cit.
8 Vide ARNOLD, V., AVEZ, A. *Ergodic Problems of Classical Mechanics*. New York: Benjamin, 1968.

O FIM DAS CERTEZAS 111

não dá, portanto, nenhuma informação sobre a aproximação do equilíbrio. No limite da descrição em termos de trajetória, ela se reduz à solução $\delta\,(x - x_{n+1})\,\delta(y - y_{n+1}) = U\,\delta(x - x_n)\,\delta(y - y_n)$.

Para obter informações adicionais, temos de sair do espaço de Hilbert, como o fizemos no caso da aplicação de Bernoulli. A representação espectral nos espaços generalizados foi obtida recentemente.[9] Os valores próprios são os mesmos que para a aplicação de Bernoulli: $1/2^m$. As funções próprias são funções singulares (do mesmo tipo que os $\tilde{B}_m\,(x)$ da aplicação de Bernoulli). Essas representações são, pois, de novo *irredutíveis*, e só se aplicam a *funções testes* apropriadas. Novamente, isto significa que temos de nos limitar a funções normais, contínuas. As trajetórias individuais, que correspondem a funções δ singulares, são excluídas. Novamente, a equivalência entre as descrições individuais e estatísticas é, portanto, rompida. Só a descrição estatística inclui a aproximação do equilíbrio.

Há um elemento novo importante em relação à aplicação de Bernoulli. No caso da aplicação do padeiro, o operador de Perron-Frobenius tem um inverso, U^{-1}, com $\rho_{n-1} = U_{-1}\rho n$. No contexto do espaço de Hilbert, isto não faz diferença, pois $U^{i+j} = U^i\,U^j$, sejam quais forem os sinais de i e de j (o sinal positivo corresponde ao futuro, o sinal negativo, ao passado). O espaço de Hilbert leva a um *grupo dinâmico*. Em compensação, para as representações espectrais irredutíveis, há uma diferença essencial, entre o futuro e o passado. Os valores próprios de U^l são da forma $(1/2^m)^l = e^{-lm\log 2}$. Esta expressão corresponde a um amortecimento no futuro ($l > 0$), mas diverge quanto ao passado ($l < 0$). Existem agora duas representações espectrais distintas, uma aplicável ao futuro e outra ao passado. As duas direções do tempo que estão presentes na descrição em termos de trajetória (e no espaço de Hilbert) estão agora separadas. Nos espaços generalizados, o grupo dinâmico parte-se em dois *semigrupos*.

---

9 Vide os artigos citados no capítulo 3, nota 6, p.92.

Como já frisamos, temos de selecionar o semigrupo em que o equilíbrio é alcançado em *nosso* futuro.

Resumamos nossas conclusões. Enquanto estudamos trajetórias, parece paradoxal falar de "leis do caos". Descrevemos, então, os aspectos *negativos* do caos, tal como a divergência exponencial das trajetórias. A situação muda de maneira radical quando passamos à descrição probabilista: ela permanece válida para tempos tão longos quanto quisermos. É, portanto, *em termos probabilistas que as leis da dinâmica devem ser formuladas quando dizem respeito a sistemas caóticos.* Mas, para tanto, devemos abandonar o espaço de Hilbert usual, que só é definido para funções "normais". É essa extensão que nos permite incluir os processos irreversíveis na descrição dinâmica. Nos exemplos simples que acabamos de estudar, a irreversibilidade está ligada ao expoente positivo de Lyapounov, mas estas considerações foram estendidas recentemente a aplicações mais gerais, que derivam de outros processos irreversíveis, como a difusão e outros processos de transporte.[10]

IV

Como já mencionamos no capítulo 1, o bom êxito da descrição estatística aplicada ao caos determinista vem do fato de que ela leva em conta a microestrutura complexa do espaço das fases. Em cada região finita desse espaço, existem trajetórias que divergem exponencialmente. A própria definição do expoente de Lyapounov implica a *comparação* de trajetórias vizinhas.

Os resultados descritos neste capítulo são notáveis pelo fato de dizerem respeito a sistemas caracterizados por um pequeno nú-

---

10 Vide GASPARD, P. *Physics Letters* A, v.168, p.13, 1992; HASEGAWA, H., DRIEBE, D. *Physics Letters* A, p.18, 1992; HASEGAWA, H., LUCHEI, *Physics Letters* A, p.193, 1994.

mero de graus de liberdade. Permitem, pois, refutar as interpretações antropocêntricas da irreversibilidade, segundo as quais esta última proviria das aproximações que *nós* introduziríamos. Essas interpretações, que vieram à luz depois da derrota de Boltzmann, infelizmente ainda são propagadas hoje em dia. É bem verdade que a descrição em termos de trajetórias permanece válida se as condições iniciais forem conhecidas com uma precisão infinita. Mas isso não corresponde a nenhuma situação realista. Toda vez que realizamos uma experiência, tanto no computador como de qualquer outra maneira imaginável, temos situações em que as condições iniciais são dadas com uma precisão finita e levam a quebrar a simetria temporal. Poderíamos igualmente sustentar que, em princípio, velocidades infinitas são imagináveis e que, portanto, não precisamos da relatividade, que se baseia na existência de uma velocidade máxima, a da luz no vácuo. Mas a existência de uma velocidade superior à da luz não corresponde a nenhuma situação conhecida atualmente.

As aplicações das quais acabamos de estudar dois exemplos correspondem a situações idealizadas, uma vez que o tempo age, na realidade, de maneira contínua e não de acordo com intervalos discretos. É para essas situações mais realistas que vamos voltar-nos agora. Os sistemas não integráveis de Poincaré serão aqui de uma importância considerável. Neste caso, a ruptura entre a descrição individual (trajetórias ou funções de onda) e a descrição estatística será ainda mais espetacular. Como veremos, para tais sistemas, o demônio de Laplace permanece incapaz, seja qual for seu conhecimento, finito ou até infinito. O futuro não é mais dado. Torna-se, como havia escrito o poeta Paul Valéry, uma "construção".

CAPÍTULO 5

PARA ALÉM DAS LEIS DE NEWTON

I

Eis-nos no coração de nosso problema. Qual é o papel da instabilidade na mecânica clássica, a ciência que fundamenta nossa visão de uma natureza regida por leis deterministas e reversíveis em relação ao tempo? No capítulo anterior, estudamos modelos simplificados. Partimos agora das leis de Newton, que vêm determinando a física teórica há três séculos.

É verdade que a mecânica quântica implica limites à validade da mecânica clássica quando se trata de átomos ou de partículas elementares. A relatividade mostra que a mecânica clássica também deve ser modificada para descrever os fenômenos que correspondem às altas energias e, em particular, na cosmologia. Mas seja qual for a situação, existem ao mesmo tempo uma descrição individual (em termos de trajetórias, de funções de onda ou de campos) e uma descrição estatística. E, em todos os níveis, a instabilidade e a não integrabilidade rompem a equivalência entre essas duas descrições. É em todos os níveis que a formulação das leis da física deve ser modificada, de acordo com este universo aberto, em evolução, onde vivem os humanos.

Neste capítulo, nos concentraremos na mecânica clássica. Vamos ver, como anunciamos já no primeiro capítulo, que a incorporação da instabilidade e da não integrabilidade permite dar seu lugar aos processos irreversíveis associados a uma criação de entropia. Lembremo-nos também de que os sistemas integráveis são a exceção. A maior parte dos sistemas dinâmicos, a começar pelo sistema de três corpos, é não integrável. Vamos mostrar que, para uma classe importante de sistemas integráveis, os *grandes sistemas de Poincaré* (GSP), que definiremos na seção II, o obstáculo à integração pode ser superado e que a operação que permite isto incorpora a irreversibilidade à dinâmica. Como no caso das aplicações caóticas estudadas nos dois capítulos anteriores, o ponto essencial é que os GSPs rompem a equivalência entre as duas descrições, em termos de trajetórias e de conjuntos estatísticos. Surgem elementos não newtonianos, elementos que só podem ser incorporados de maneira consistente às equações dinâmicas no nível estatístico. Obtemos, portanto, uma descrição probabilista irredutível, caracterizada por uma quebra da simetria temporal. O conflito entre o tempo reversível da dinâmica e o tempo orientado da termodinâmica é, assim, resolvido no próprio interior da dinâmica, sem interferência de elementos extrínsecos, de aproximações ou de termos *ad hoc* acrescentados às equações. A descrição estatística introduz os processos irreversíveis e o crescimento da entropia, mas essa descrição nada deve à nossa ignorância ou a qualquer traço antropocêntrico. Ela resulta da natureza dos processos dinâmicos.

Retrospectivamente, não é de espantar que tenhamos de abandonar a descrição em termos de trajetórias. Como vimos no capítulo 1, a não integrabilidade se deve às ressonâncias. Ora, as ressonâncias exprimem condições que devem ser satisfeitas pelas frequências: não são eventos locais que ocorrem num ponto dado do espaço e num instante dado. Elas introduzem, portanto, um elemento estranho à noção de trajetória, que corresponde a

O FIM DAS CERTEZAS

uma descrição local de espaço-tempo. Tenho consciência de que o abandono da noção de trajetória corresponde a uma ruptura radical com o passado. As trajetórias sempre foram consideradas os objetos primordiais. Isto não é mais verdade, aqui. Veremos, até, situações em que as trajetórias se desmoronam, como às vezes se fala de "desmoronamento" (de *colapso*) da função de onda. Esse colapso significa que as trajetórias não são mais objetos submetidos a leis deterministas como a de Newton. Elas se tornam objetos probabilistas, estocásticos, como no movimento browniano.

O indeterminismo, defendido por Whitehead, Bergson ou Popper (vide capítulo 1), impõe-se doravante na física. Mas ele não deve ser confundido com a ausência de previsibilidade, que tornaria ilusória toda ação humana. É de limite à previsibilidade que se trata. Voltaremos a este ponto. De qualquer modo, o indeterminismo não traduz, aqui, uma opção metafísica, ele é a consequência da descrição estatística exigida pelos sistemas dinâmicos instáveis. E mais, ele afeta tanto a mecânica clássica quanto a mecânica quântica. Vimos no capítulo 1 que as discussões sobre os fundamentos da mecânica quântica nunca cessaram. Muitos autores, nas últimas décadas, propuseram reformulações ou extensões da mecânica quântica. Em contrapartida, o fato de proceder a uma extensão da mecânica clássica é inesperado. E que essa extensão possa guiar-nos na maneira como devemos proceder à extensão da mecânica quântica para permitir-lhe superar suas dificuldades é ainda mais inesperado. Mas voltemo-nos, inicialmente, para a formulação tradicional da mecânica clássica em termos de trajetórias.

II

Partamos do movimento de uma massa pontual m. Sua trajetória é descrita por sua posição $r(t)$, função do tempo, por sua velocidade $v(t) = dr/dt$ e por sua aceleração, $a(t) =$

$dv/dt = d^2r/dt^2$. A equação fundamental de Newton liga a aceleração à força F pela equação $F = ma$. Se não há força, não há aceleração e a velocidade permanece constante. Este é o princípio clássico de inércia. A equação de Newton permanece invariante para observadores que se movem em velocidades relativas constantes. É o princípio de invariância galileano, generalizado pela relatividade, como veremos no capítulo 8. Na medida em que a força determina a mudança de trajetória numa derivada *segunda* em relação ao tempo, a lei de Newton é reversível em relação ao tempo, pois é invariante em relação à inversão futuro/passado ($t \rightarrow -t$).

Examinemos agora o caso geral de um sistema constituído por N massas pontuais. Temos, então, no espaço de três dimensões, $3N$ coordenadas, $q_1 \dots, q_{3N}$ e as $3N$ velocidades corresponentes $v_1, \dots, v_{3N}$. Nas formulações modernas da dinâmica, as coordenadas e as velocidades (ou antes, os momentos $p_1, \dots, p_{3N}$, com $p = mv$) são definidas como variáveis independentes. O estado de um sistema dinâmico num instante dado pode ser associado a um ponto no espaço das fases de $6N$ dimensões, e seu movimento a uma trajetória nesse espaço. Quando as coordenadas e os momentos são definidos como variáveis independentes, a grandeza central na mecânica clássica é o hamiltoniano $H(p, q)$ (como fizemos até aqui, vamos representar as $3N$ coordenadas por q e os $3N$ momentos por p). O hamiltoniano é a energia do sistema expressa em termos das variáveis q e p. Por exemplo, para uma partícula isolada, livre, H só depende do momento e é, então, igual a $p^2/2m$. Mais geralmente, H é a soma da energia cinética, que depende apenas dos momentos, $E_{cin}(p)$, e da energia potencial, que só depende das coordenadas, $V(q)$.

Uma vez obtido o hamiltoniano $H(p, q)$, podemos escrever as equações do movimento que determinam a evolução das coordenadas e dos momentos ao longo do tempo. É o que explica qualquer manual de mecânica. Essas equações do movimento derivadas do hamiltoniano são chamadas equações *canônicas* do movimento.

Retomemos o exemplo da partícula isolada, livre. As equações canônicas permitem verificar que o momento p permanece constante enquanto a coordenada varia linearmente ao longo do tempo, $q = q_0 + p/mt$. Como vimos no capítulo 1, os sistemas dinâmicos integráveis podem, por definição, assumir uma forma isomorfa à de um conjunto de partículas livres sem interação entre si. Poincaré colocou o problema da integrabilidade dos sistemas dinâmicos, considerando hamiltonianos da forma $H = H_0(p) + \lambda V(q)$. Em outros termos, consideramos sistemas dinâmicos descritos pelo hamiltoniano "livre" (isto é, independente das coordenadas) H_0, ao qual se soma uma energia potencial $V(q)$ devida às interações. É esta última que diferencia o sistema estudado do sistema de referência integrável H_0. Poincaré mostrou que a maior parte dos sistemas eram não integráveis, ou seja, que as interações não podiam ser eliminadas por uma mudança adequada de variáveis. Não podemos, pois, substituir o hamiltoniano H por um novo hamiltoniano livre. Correlativamente, na sequência do texto, quando falarmos de um sistema "sem interação", designaremos um sistema integrável. O fator λ, chamado constante de acoplamento, é um fator de escala que mede a importância das interações. Só conhecemos as soluções das equações do movimento para pouquíssimos sistemas dinâmicos (essencialmente, os sistemas integráveis). Em geral, devemos recorrer a métodos de perturbação, por exemplo, desenvolvendo a solução em potências do coeficiente de acoplamento λ. É aí que surgem as dificuldades, pois, após ressonâncias entre os graus de liberdade, aparecem divergências no cálculo de perturbação.

Neste livro, vamos interessar-nos sobretudo por uma classe particular de sistemas não integráveis no sentido de Poincaré, os *grandes sistemas de Poincaré* (GSP). Como dissemos, as ressonâncias implicam frequências associadas aos diferentes modos do movimento. Ora, uma frequência ω_k depende do comprimento de onda k. Veja-se o exemplo da luz: a luz ultravioleta tem uma frequência mais alta e um comprimento de onda mais curto que a luz infravermelha. Consideraremos sistemas não integráveis cuja frequência varia *de maneira contínua* com o comprimento de onda. Esta é a definição dos GSPs. Esta condição é satisfeita se o volume V em que está situado o sistema é grande o bastante para que os efeitos nos contornos possam ser desdenhados. É por isso que se fala de *grandes* sistemas de Poincaré.

Tomemos um exemplo simples, o da interação entre um oscilador de frequência ω_1 acoplado a um campo. No século do rádio e da televisão, todos nós ouvimos falar de ondas eletromagnéticas. A amplitude dessas ondas é determinada por um campo descrito por uma função $\varphi(x, t)$ das coordenadas e do tempo. Desde o início deste século, sabe-se que um campo pode ser descrito como uma superposição de oscilações de frequências ω_k, cujo comprimento de onda vai do tamanho do sistema às dimensões das partículas elementares. Na interação oscilador–campo que estamos considerando, as ressonâncias surgem toda vez que uma frequência ω_k do campo é igual à frequência ω_1 do oscilador. Quando tentamos resolver as equações do movimento do oscilador em interação com o campo, encontramos denominadores da forma $1/(\omega_1 - \omega_k)$, que divergem quando $\omega_1 = \omega_k$. A questão é, então: podemos eliminar essas divergências quando passamos ao nível estatístico?

As ressonâncias de Poincaré levam a uma forma de caos. De fato, as simulações numéricas mostram que essas ressonâncias induzem o aparecimento de trajetórias erráticas, como é o caso do caos determinista. Nosso método vai confirmar a estreita analogia existente entre a não integrabilidade no sentido de Poincaré e o caos determinista.

III

Como fizemos nos capítulos anteriores, introduzimos uma distribuição de probabilidade $\rho(q, p, t)$. Sua evolução no tempo deduz-se das equações canônicas do movimento. Estamos, então, na mesma situação que quando passamos, no capítulo 4, das equações de uma aplicação ao operador de Perron-Frobenius correspondente a uma descrição estatística. Aqui, o operador de evolução é designado pelo nome de operador de Liouville L. A equação de evolução das probabilidades ρ é, então, escrita $i\, \partial\rho/\partial t = L\rho$. A mudança ao longo do tempo de ρ é obtida pela ação do operador L sobre ρ. A forma explícita do operador de Liouville não é necessária neste estádio. Cumpre, porém, frisar que se a distribuição de probabilidade é independente do tempo, $\partial\rho/\partial t = 0$, teremos também $L\rho = 0$. É a situação realizada no equilíbrio termodinâmico. Neste caso, como já dissemos no capítulo 3, seção I, a distribuição de probabilidade depende apenas da energia (ou do hamiltoniano), que é um invariante do movimento.

A solução dos problemas no nível estatístico exige a construção da representação espectral de L. É um problema análogo ao que apresentamos no capítulo 4 para os sistemas caóticos. Trata-se de determinar as funções próprias e os valores próprios de L. Vimos que a representação espectral depende do espaço das funções que, tradicionalmente, é o espaço de Hilbert, o espaço das funções normais. Ora, um teorema fundamental, que aparece em todos os manuais, enuncia que o operador L tem como valores próprios apenas números reais l_n, no espaço de Hilbert. Isto vem do fato de que o operador pertence à classe dos chamados operadores "hermitianos". Neste caso, a evolução no tempo da distribuição de probabilidade torna-se uma superposição de termos periódicos. A solução formal da equação de Liouville é $\rho(t) = exp\, (-iLt)\, \rho_0$. A cada valor próprio l_n corresponde um termo oscilante $exp\, (-il_n\, t) = cos\, (l_n\, t) - i\, sin\, (l_n\, t)$. O futuro e o passado desempenham o mesmo papel. É claro que, para incorporar a irreversibilidade, precisamos de valores próprios complexos $l_n = \omega_n - i\,\gamma_n$. Isto leva, de fato, a contribuições exponenciais $exp\, (-\gamma_n\, t)$ à evolução temporal da distribuição de probabilidade, contribuições que desaparecem progressivamente no futuro $(t > 0)$, enquanto são amplificadas no passado $(t < 0)$. A simetria do tempo é, então, quebrada.

Mas isso só é possível se abandonarmos o espaço de Hilbert. Será preciso entender por que razões físicas temos de abandonar as funções "normais" que formam o espaço de Hilbert e de introduzir funções generalizadas ou singulares. Como veremos, esta necessidade vem do fato de que nosso mundo apresenta interações *persistentes*.[1] Assim, as moléculas na atmosfera estão continuamente em colisão. Ora, não podemos entender esse processo contínuo de colisões a partir de uma idealização que consiste em só considerar algumas moléculas no vácuo. Uma tal idealização corresponderia a interações *transitórias*. A distinção entre interações persistentes e transitórias ganha, portanto, uma importância crucial na passagem da dinâmica reversível das trajetórias à termodinâmica. A mecânica clássica considera movimentos isolados, ao passo que a irreversibilidade só ganha seu sentido quando consideramos partículas mergulhadas num meio em que as interações são persistentes. Vamos precisar esta distinção e mostrar por que ela leva a distribuições singulares de probabilidade que nos forçam a deixar o espaço de Hilbert.

IV

A distinção entre interações transitórias e persistentes exige uma distinção entre distribuições de probabilidade *localizadas* e *não localizadas* (*délocalisées*). Consideremos um exemplo simples, o de um sistema de uma dimensão. A coordenada x estende-se de $-\infty$ até $+\infty$. As funções de distribuição localizadas estão concentradas num fragmento finito da reta. A trajetória é um caso particular de distribuição localizada, aquele em que a função de distribuição está localizada num só ponto e se desloca ao

---

1 PETROSKY, T., PRIGOGINE, I. Alternative Formulation of Classical and Quantum Dynamics for Non-Integrable Systems, *Physics A*, v.175, 1991; Poincaré Resonances and the Extension of Classical Dynamics, Chaos, Solitons and Fractals, v.5, 1995.

longo do tempo. Em contrapartida, as funções de distribuição não localizadas estendem-se por toda a reta. Estas duas classes de funções correspondem a situações diferentes. Tomemos como exemplo a difusão (ou *scattering*, já que o termo anglo-saxão é o mais utilizado em francês). Nas experiências usuais de *scattering*, prepara-se um feixe de partículas que são dirigidas para um obstáculo, o alvo. Temos, então, três etapas, representadas na Figura 5.1. Inicialmente, o feixe aproxima-se do alvo. Em seguida, interage com ele. Por fim, suas partículas voltam a se encontrar em movimento livre. O ponto importante é que o processo de interação é *transitório*. Em compensação, se o *scattering* não tem começo nem fim (interação *persistente*), devemos introduzir uma distribuição não localizada que se estende por todo o eixo dos *x*.

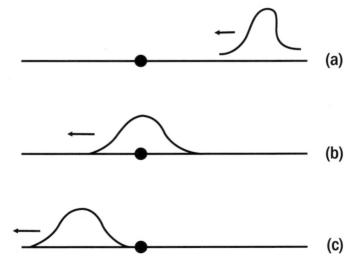

FIGURA 5.1 – As três etapas da difusão (*scattering*): (a) O feixe aproxima-se do alvo; (b) o feixe interage com o alvo; (c) o feixe afasta-se de novo em movimento livre.

As experiências de *scattering* transitório desempenharam um papel importante na história da física: são elas que permitem estudar as interações entre partículas elementares, por exemplo, entre próton e elétron. No entanto, na maior parte das situações físicas, e em especial nos sistemas macroscópicos como os gases e os líquidos, temos interações persistentes, pois as colisões não param nunca. O ponto crucial é que a descrição de interações persistentes não pode confundir-se com a de interações transitórias, porque a primeira está associada a distribuições de probabilidade localizadas e a segunda a distribuições não localizadas.

Os sistemas termodinâmicos são todos caracterizados por interações persistentes e devem ser descritos por distribuições não localizadas. Para tanto, recorre-se no mais das vezes ao *limite termodinâmico*. Ele exprime o fato de que o número N de partículas e o volume V aumentam enquanto a relação N/V permanece constante. Formalmente, consideramos os limites $N \to \infty$, $V \to \infty$. Evidentemente, não há sistema, mesmo o universo, em que o número de partículas seja infinito. A passagem ao limite significa simplesmente que os efeitos de contorno, que são descritos por termos em $1/N$ ou em $1/V$, podem ser desdenhados. Esse limite termodinâmico desempenha um papel central em toda a física macroscópica. Sem ela, não poderíamos introduzir estados da matéria bem definidos, como os estados gasoso, líquido e sólido, nem as transições de fase entre esses estados. Tampouco poderíamos estabelecer a diferença entre os regimes próximos e distantes do equilíbrio, cuja importância recordamos no capítulo 2.

Gostaríamos, agora, de explicar por que a introdução de funções de distribuição não localizadas nos força a deixar a classe das funções normais, logo o espaço de Hilbert. Para tanto, devemos introduzir algumas noções matemáticas elementares. Todos sabem o que é uma função periódica de tipo $sin2\pi/\lambda$. Esta função permanece invariante se acrescentarmos à coordenada x o comprimento de onda λ ($sin2\pi x/\lambda = sin2\pi (x + \lambda)/\lambda$. Há outras funções periódicas como $cos2\pi x/\lambda$ ou $e^{i2\pi x/\lambda} = cos2\pi x/\lambda + i\, sin2\,\pi x/\lambda$. Em vez do comprimento de onda λ, utilizamos muitas vezes o vetor de onda $k = 2\pi/\lambda$. A onda descrita por $e^{i2\pi x/\lambda} = e^{ikx}$ é uma *onda plana*. Ora, a teoria das séries de Fourier (ou das integrais de Fourier) mostra que uma função da coordenada x, por exemplo $f(x)$, pode ser escrita como uma superposição de funções periódicas correspondentes aos vetores de onda k, em particular como uma superposição de ondas planas e^{ikx}. Nessa superposição, cada onda plana é multiplicada por uma amplitude $\varphi(k)$, que é uma função de k. Essa função $\varphi(k)$ é chamada de "a transformada de Fourier de $f(x)$".

O que acabamos de descrever é a operação de passagem de uma função $f(x)$, na qual a variável é a coordenada x, a uma descrição em termos de $\varphi(k)$, cuja variável é o vetor de onda k. Evidentemente, a transformação inversa é igualmente possível. O importante é que haja uma espécie de *dualidade* entre $f(x)$ e $\varphi(k)$. Se $f(x)$ se estende pelo intervalo Δx e se anula fora desse intervalo, $\varphi(k)$ se estende pelo intervalo espectral $\Delta k \simeq 1/\Delta x$. Quando o intervalo espacial Δx aumenta, o intervalo espectral Δk diminui, e vice-versa.

No caso particular da função singular $\delta(x)$ que é localizada apenas no ponto $x = 0$, o que implica $\Delta x = 0$, o intervalo espectral Δk é infinito. Inversamente, as funções não localizadas, para as quais $\Delta x \to \infty$, levam a funções singulares em k de tipo $\delta(k)$. Ora, como vimos, as distribuições de probabilidade não localizadas correspondem ao caso das interações persistentes. Também notamos que a distribuição de equilíbrio da função ρ é uma função apenas do hamiltoniano H. Ora, o hamiltoniano contém um termo de energia cinética, que é uma função apenas dos momentos p e não das coordenadas q. Ele contém, portanto, uma parte não localizada que tem uma transformada de Fourier singular. Vemos, então, que não há nada de espantoso no fato de que as funções singulares desempenhem um papel crucial na descrição dinâmica.

V

Comparemos, agora, a descrição estatística, em termos de operador de Liouville (vide seção III), à descrição em termos de trajetórias. Aqui, uma surpresa nos aguarda, pois a descrição estatística introduz logo de saída instrumentos diferentes. Podemos dar-nos conta disso já pelo exemplo mais simples, o do movimento de uma partícula livre num espaço de uma dimensão. Como vimos, a coordenada q da partícula varia de maneira linear com o tempo e o momento p permanece constante. Ora, a descrição estatística faz-se em termos do momento e a de k, a transformada de Fourier, em termos de x. Estamos acostumados com vetores de onda quando tratamos de problemas acústicos ou ópticos, mas aqui eles aparecem num problema de mecânica. A razão disso é que, no caso de uma partícula livre, o operador de Liouville L se reduz a um operador de derivação: $L = ip/m \; \partial/\partial x$. O que significa que suas funções próprias (vide capítulo 4, seção I) são exponenciais e^{ikx} e seus valores próprios pk/m. A solução da equação de movimento para uma partícula livre é, portanto, uma superposição de ondas planas. Essas ondas, que são as funções próprias, estendem-se pelo espaço inteiro, em contraste com a trajetória, que é localizada num ponto. Evidentemente, neste caso simples, as duas descrições são equivalentes: podemos, utilizando a teoria de Fourier, reconstruir a trajetória (vide Figura 5.2). Mas esta não é mais um conceito *elementar* na descrição estatística. Neste caso, para obtermos uma trajetória, devemos concentrar a distribuição de probabilidade num único ponto. Para isso, temos de superpor ondas planas de vetor de onda k que se estendem por todo o intervalo espectral ($\Delta k \to \infty$).

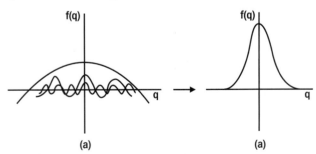

FIGURA 5.2 – As trajetórias consideradas como o resultado de uma interferência construtiva de ondas planas. A superposição das diferentes ondas planas leva a uma função caracterizada por um máximo agudo em $q = 0$.

Para $q = q_0$, as amplitudes das ondas planas produzem uma interferência *constitutiva*, ao passo que para $q \neq q_0$ elas se anulam por interferência *destrutiva*.

Quando estamos diante de um sistema integrável, como a partícula livre, o vetor de onda k é constante no tempo. A trajetória pode ser reconstruída em cada instante a partir das ondas planas. Mas o ponto importante é, repetimos, que se trata agora de um conceito derivado, que corresponde a um caso particular, e não de um conceito primário. A trajetória torna-se o resultado de uma construção físico-matemática. Torna-se, então, concebível que as ressonâncias de Poincaré destruam as interferências construtivas que levam à trajetória, o que não era o caso na descrição tradicional da mecânica clássica, em que a trajetória é considerada um conceito primitivo, irredutível.

É igualmente interessante observar que os valores próprios kp/m do operador de Liouville correspondem às frequências que aparecem nas ressonâncias de Poincaré. Elas dependem ao mesmo tempo de k e de p, e não das coordenadas. O emprego dos vetores de onda é, portanto, o ponto de partida natural para discutir sobre as ressonâncias de Poincaré, como vamos fazer. As ondas planas não nos permitem apenas descrever as trajetórias (que correspondem a interações transitórias), mas também as situações não localizadas em que a função de distribuição p seria independente da coordenada q. Isto leva, como explicamos na seção IV, a funções singulares no vetor de onda k. O terreno está, portanto, preparado para discutirmos o efeito das interações no nível estatístico, e isto na linguagem dos vetores de onda.

VI

Suponhamos que a energia potencial V do hamiltoniano corresponda à soma de interações binárias. Isto leva ao seguinte teorema: na interação entre as partículas j e n, os dois vetores de onda k_j e k_n são modificados, mas sua soma é conservada: $k_j + k_n = k_j' + k_n'$, onde k_j' e k_n' são os vetores de onda após a interação. Não demonstraremos aqui este teorema conhecido há muito tempo,[2] mas o utilizaremos para fornecer uma imagem da evolução dinâmica no formalismo estatístico. Essa imagem consiste numa sucessão de *eventos* separados por movimentos livres. A cada evento, os vetores de onda k e os momentos p são modificados, enquanto permanecem constantes entre os eventos. Examinemos de maneira mais minuciosa a natureza dos eventos. Introduzimos já no capítulo 3, seção I, a noção de correlação. Podemos agora precisá-la. A distribuição de probabilidade $\rho(q, p, t)$ depende ao mesmo tempo das coordenadas e dos momentos. Se a integrarmos sobre as coordenadas, perderemos toda a informação espacial. Obteremos uma função $\rho_0 (p, t)$ que contém apenas informações sobre os momentos e não sobre as posições das partículas. Chamamos ρ_0 o "vazio de correlações". Por contraste, se integrarmos sobre todas as coordenadas exceto sobre as coordenadas q_i, q_j partículas i e j, conservaremos a informação sobre as correlações entre essas partículas. Chamamos uma tal função uma "correlação binária". Podemos igualmente definir correlações ternárias etc.

Na descrição estatística, é mais cômodo substituir as coordenadas por sua transformada de Fourier k. Levamos agora em conta a lei de conservação dos vetores de onda $k_j + k_n = k_j' + k_n'$. Cada evento será representado por um ponto, com duas linhas que entram, simbolizando k_j e k_n e duas linhas que saem, simbolizando k_j' e k_n'. Por outro lado, a cada ponto os momentos das partículas em interação são modificados (o operador derivado $\partial \partial p$ aparece no operador de Liouville tão logo haja interação).

---

2 Vide PRIGOGINE, I. *Nonequilibrium Statistical Mechanics*, op. cit., 1962.

O evento mais simples é representado pelo diagrama da Figura 5.3. Chamamos esse diagrama de "evento de propagação" ou de "diagrama de propagação". Ele corresponde a uma modificação da correlação binária ρ_2 entre as partículas j e n. Mas podemos também partir do vazio de correlação ρ_0, para o qual $k_j = k_n = 0$ e produzir uma correlação binária (vide Figura 5.4). Temos, então, o que chamamos um diagrama de "criação de correlação", ou um "fragmento de criação".

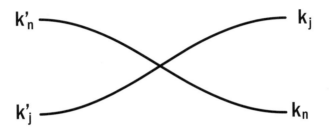

FIGURA 5.3 – Diagrama de propagação: representação de um evento dinâmico correspondente à interação de duas partículas, que transforma os valores k_j, k_n de seus vetores de onda em k'_j e k'_n.

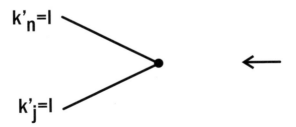

FIGURA 5.4 – Fragmento de criação: um evento dinâmico transforma o vazio de correlação numa correlação binária l, $-l$.

Temos também "fragmentos de destruição", como os representados na Figura 5.5, que transformam uma correlação binária em vazio de correlação.

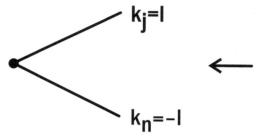

FIGURA 5.5 – Fragmento de destruição: um evento dinâmico transforma a correlação binária $l, -l$ em vazio de correlação.

Começamos a ver esboçar-se uma *história de correlações*, resultado de eventos sucessivos.[3]

Podemos agora introduzir nesta descrição o efeito das *ressonâncias de Poincaré*. Vimos na seção III do capítulo 1 que estas levam a divergências associadas a pequenos denominadores. Aqui, a frequência associada a um momento p é kp/m. Para os grandes sistemas de Poincaré, em que k é uma variável contínua, as divergências podem ser evitadas no nível estatístico e as ressonâncias podem ser expressas em termos de função δ. Isto implica a noção matemática de prolongamento analítico, que não abordaremos aqui.[4] Observe-se simplesmente que, para uma interação de dois corpos, o argumento da função δ é k/m $(p_1 - p_2)$. Se nos lembrarmos de que uma tal função é nula exceto quando $k/m \, p_1 = k/m \, p_2$, compreenderemos que o vetor de onda $k = 0$ desempenha um papel particularmente importante. Ora, um vetor de onda nulo corresponde a um comprimento de onda infinito e, portanto, a um processo *não localizado*. Assim, as ressonâncias de Poincaré não podem ser incluídas na descrição em termos de trajetórias, que são objetos localizados.

---

3 Vide as duas obras citadas nas duas notas precedentes, nas quais se encontrarão as referências aos trabalhos anteriores.
4 Vide a nota 2 deste capítulo.

O FIM DAS CERTEZAS

Podemos dar aqui uma ideia qualitativa do efeito das ressonâncias de Poincaré no nível estatístico. Essas ressonâncias acoplam os processos dinâmicos exatamente como elas acoplam os harmônicos na música. Na descrição diagramática que introduzimos, elas acoplam fragmentos de destruição e de criação (vide Figura 5.7). Isso leva a *novos* processos dinâmicos que partem de um dado estado de correlação (por exemplo, o vazio de correlação) e voltam ao *mesmo* estado de correlação. Em nossos diagramas, esses processos dinâmicos constituem *bolhas*. As bolhas são, assim, processos dinâmicos de um novo tipo, que têm por origem as ressonâncias de Poincaré. Elas correspondem a eventos que devem ser considerados como um *todo*, e introduzem elementos não newtonianos na evolução da distribuição de probabilidade. Esses elementos não têm análogo na teoria das trajetórias. Eles têm um efeito dramático: quebram a simetria do tempo, como sempre o postulara a teoria fenomenológica dos processos irreversíveis. Realizam a ideia de Boltzmann, segundo a qual um processo tal como a colisão deve, no nível estatístico, permitir interpretar o crescimento da entropia. Mas realizam-na permanecendo no quadro da dinâmica, pela tomada em consideração das ressonâncias de Poincaré.

Para ressaltarmos a analogia com a descrição cinética, chamamos de "operador de colisão" o operador que age sobre a função de distribuição que corresponde a essas bolhas, a esses novos elementos devidos ao acoplamento por ressonância. Esses operadores de colisão levam, como na descrição cinética, a fenômenos de difusão. São eles que fazem aparecer um movimento browniano na descrição dinâmica. Já notamos que, por analogia com a mecânica quântica, podemos falar de "colapso" da trajetória. Isto significa que a trajetória, ao invés de ser um objeto ligado a uma descrição determinista, torna-se um objeto probabilista. Na teoria fenomenológica do movimento browniano, fala-se muitas vezes das "forças de Langevin". São "forças" que traduzem o caráter aleatório da agitação térmica, que conduzem a movimentos difusivos. Tais forças de Langevin aparecem aqui também, mas são o resultado das ressonâncias de Poincaré, e não da ignorância dos movimentos exatos que descrevem a agitação térmica das moléculas.

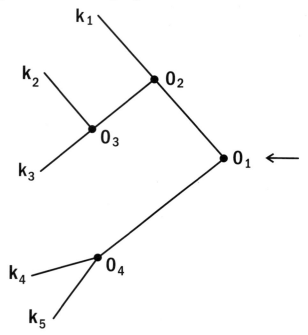

FIGURA 5.6 – Exemplo de história de correlações. Quatro eventos O_1, O_2, O_3, O_4 transformam o vazio de correlação numa correlação de cinco partículas.

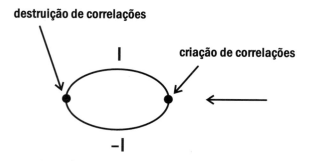

FIGURA 5.7 – Bolha devida às ressonâncias de Poincaré. As ressonâncias acoplam os fragmentos de criação e de destruição.

VII

Estamos, agora, em condições de realizar nosso principal intento, a solução do problema dinâmico no nível estatístico. Como no caso do caos determinista, esta solução implica a representação espectral do operador de evolução, no caso, do operador de Liouville.

Dois elementos são essenciais: em primeiro lugar, consideramos funções de distribuição não localizadas associadas a interações *persistentes* (vide seções III e IV). Elas conduzem a funções singulares. Mais uma vez, temos de deixar o espaço de Hilbert, associado apenas às funções normais. Em seguida, na descrição das interações, devemos levar em conta as ressonâncias de Poincaré, que instauram novos tipos de processos dinâmicos associados à noção de difusão.

Desde que levemos em consideração estes dois pontos, obtemos, como no capítulo 4, uma representação espectral irredutível e complexa do operador de evolução (neste caso, o operador de Liouville). Como no caso do caos determinista, "complexo" significa que essa representação quebra a simetria temporal, e "irredutível", que ela não se aplica a trajetórias, que correspondem a interações transitórias. As leis da dinâmica assumem, então, uma significação nova: elas incorporam a irreversibilidade e não exprimem mais certezas, e sim probabilidades. Se uma das condições não é satisfeita, por exemplo, se consideramos funções de distribuição localizadas (interações transitórias), tornamos a cair na descrição newtoniana em termos de trajetórias.

Essas condições são satisfeitas num grande número de situações. Podemos esperar ter desvios em relação à física newtoniana e simulações numéricas sistemáticas verificaram nossas predições a este respeito. Já mencionamos o limite termodinâmico, em que o número N de partículas e o volume V que elas ocupam tendem ao infinito, ao passo que sua razão N/V, vale dizer, a concentração, permanece constante. Os sistemas descritos por essa passagem ao limite respondem a nossas condições, são sistemas em que as interações não se detêm jamais. Podemos até mostrar que mesmo se partíssemos de uma descrição em termos de trajetória (e depois passássemos ao limite $N \to \infty$), os processos difusivos levariam a melhor e a trajetória entraria em colapso: ela se transformaria com o tempo em função de distribuição singular não localizada. Esta conclusão foi verificada por simulação numérica.[5]

Que acontece com o segundo princípio nesta formulação? Se considerarmos uma propriedade dinâmica A, por exemplo uma função do movimento p de uma partícula, seu valor médio $<A>$ avaliado com a probabilidade ρ tenderá ao equilíbrio ao longo do tempo (na ausência de vínculos). Em geral, o equilíbrio não é atingido de maneira monótona. Conforme o período considerado, o valor médio pode aumentar ou diminuir com o tempo. No entanto, como temos agora processos irreversíveis, podemos realizar o programa de Boltzmann e construir funções $\mathcal{H}$ (vide capítulo 1, seção II), que são análogos dinâmicos da entropia: essas funções só podem diminuir num sistema isolado (vide Figura 5.8). A existência de funções $\mathcal{H}$, ou seja, de uma entropia definida no nível microscópico, nada tem a ver com a nossa ignorância. Ela exprime a quebra de simetria temporal.

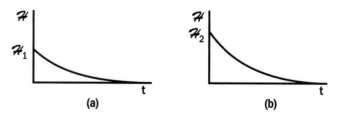

FIGURA 5.8 – Decréscimo monótono no tempo da função $\mathcal{H}$. A escala é escolhida de maneira que no equilíbrio $\mathcal{H} = 0$ e, portanto, em (a), o sistema parte de um estado mais próximo do equilíbrio que em (b), pois $\mathcal{H}_1 < \mathcal{H}_2$.

---

5 PETROSKY, T., PRIGOGINE, I. loc. cit. PETROSKY, T., ZANG, Z, WEN, K. H. (No prelo).

Notemos também que, na concepção clássica, há uma distinção fundamental entre condições iniciais e lei dinâmica. Dada a lei, todas as condições iniciais se equivalem, e nenhuma característica intrínseca permite distingui-las. Este não é mais o caso aqui. Funções de distribuição diferentes levam a valores de $\mathcal{H}$ diferentes: por exemplo, na Figura 5.8, a situação inicial em (a) é mais próxima do equilíbrio que em (b). É tentador postular que só são possíveis funções de distribuição que conferem um valor finito a $\mathcal{H}$. Um valor infinito necessitaria de uma quantidade infinita de informação. Desta maneira, o segundo princípio, tal como o exprime o comportamento de $\mathcal{H}$, torna-se um princípio de seleção sobre estados que podemos preparar no laboratório ou que são realizados na natureza. Por exemplo, ele permite eliminar as "soluções avançadas",[6] cuja possibilidade as equações da dinâmica admitem e que correspondem a situações como aquelas em que ondas múltiplas numa lagoa convergiriam de tal maneira que fariam espirrar para fora uma pedra que repousasse no fundo.

Nossa descrição realiza, pois, o que era impossível na descrição em termos de trajetórias, a unificação da dinâmica e da termodinâmica. Reencontramos de maneira rigorosa todos os resultados obtidos até agora por meio de métodos fenomenológicos na descrição dos processos irreversíveis, mas podemos ir além dos resultados conhecidos. Eis aqui um exemplo. Em razão das ressonâncias, os processos dinâmicos descritos na seção VIII levam a *correlações de longo alcance*, ainda que as forças entre as moléculas sejam de curto alcance. A única exceção é o estado de equilíbrio, em que o alcance das correlações é determinado pelo das forças entre as partículas. Este resultado explica o fato de que, como recordamos no capítulo 2, o não equilíbrio faz aparecer uma nova coerência ilustrada pelas oscilações químicas ou pelos turbilhões hidrodinâmicos. *A física do equilíbrio, portanto, inspirou-nos uma falsa imagem da matéria.* Reencontramos agora

---

6 Vide PETROSKY, T., PRIGOGINE, I. "Poincaré Resonances...", op. cit., 1995.

a significação dinâmica do que havíamos constatado no nível fenomenológico: a matéria no equilíbrio é cega e, nas situações de não equilíbrio, ela começa a *ver*.

É hora de fechar este capítulo. Espero ter dado ao leitor uma ideia dos ingredientes a introduzir para ir além da mecânica de Newton. A validade das equações utilizadas na mecânica clássica revela-se extremamente limitada. A maioria dos sistemas dinâmicos correspondentes aos fenômenos que nos rodeiam é não integrável no sentido de Poincaré; eles são GSPs que apresentam interações persistentes. Esses fenômenos admitem uma descrição termodinâmica incompatível com uma descrição em termos de trajetórias. As interações dinâmicas transitórias, como o *scattering*, não são representativas das situações que encontramos na natureza. Correspondem a situações simplificadas, que podemos realizar no laboratório. Mas são idealizações, pois, na natureza, as interações são persistentes e os processos de colisão que correspondem às ressonâncias de Poincaré são a regra. Elas quebram a simetria temporal e implicam uma descrição evolutiva de acordo com a descrição termodinâmica.

A descrição da natureza circunstante tem, portanto, pouco a ver com a descrição regular, simétrica em relação ao tempo, associada tradicionalmente ao mundo newtoniano. Nosso mundo é flutuante, ruidoso, caótico, mais próximo daquele que os atomistas gregos haviam imaginado. O *clinamen* que fora introduzido para resolver o dilema de Epicuro (vide o capítulo 1) não é mais um elemento estranho, mas sim a expressão da instabilidade dinâmica.

Evidentemente, a dinâmica só nos fornece condições necessárias à inteligibilidade dos modos de evolução. A dinâmica dá sua significação à entropia. No próprio interior da termodinâmica, como vimos no capítulo 2, são necessárias condições adicionais para observar o surgimento das estruturas dissipativas e dos outros comportamentos complexos associados ao afastamento do equilíbrio. E esses comportamentos de auto-organização física são, por sua vez, apenas condições necessárias, não suficientes, do surgimento da auto-organização própria da vida. A distinção entre condições necessárias e suficientes é essencial para se descrever a dimensão narrativa da natureza. Mas essa dimensão narrativa está doravante de acordo com nossas descrições dos processos dinâmicos ou quânticos. O mundo dos GSPs e das interações persistentes torna-se o ponto de partida de nossas tentativas de decifrar as histórias múltiplas de auto-organização física e biológica, de que a natureza nos fornece tantos exemplos.

CAPÍTULO 6

UMA NOVA FORMULAÇÃO DA TEORIA QUÂNTICA

I

Voltemo-nos, agora, para os sistemas quânticos. Existem diferenças fundamentais entre dinâmica clássica newtoniana e teoria quântica. Contudo, em ambos os casos, há uma descrição *individual*, desta vez em termos de funções de onda, e uma descrição estatística em termos de distribuições de probabilidade. Como já tivemos a oportunidade de ver, as ressonâncias de Poincaré aparecem tanto na mecânica quântica quanto na mecânica clássica. É nossa expectativa, portanto, que nossos resultados possam estender-se à mecânica quântica. Com efeito, obtemos para os GSPs quânticos uma nova formulação estatística da mecânica quântica, válida fora do espaço de Hilbert. Essa descrição inclui a quebra de simetria temporal e é irredutível à descrição individual em termos de funções de onda.

Já mencionamos no capítulo 1 a estranha situação da mecânica quântica. Apesar de seus êxitos espantosos, ela não cessou de provocar debates sobre seus fundamentos conceituais. A redução da função de onda implica uma formulação dualista da teoria quântica. Temos, por um lado, a equação de Schrödinger, que rege a função de onda e é determinista e simétrica em relação ao tempo, exatamente como a equação de Newton. Por outro lado, temos a redução da função de onda, que transforma um caso puro numa mistura e, associada ao processo de medição, é irreversível. Em seu famoso livro *The Mathematical Foundations of Quantum Mechanics* (1932), John von Neumann colocou essa estrutura dualista na base de sua representação da teoria quântica formulada cinco anos antes. É uma estrutura curiosa. Se quisermos escapar à irredutibilidade da operação de medição à física, ou seja, à intrusão de um elemento subjetivo na teoria, a estrutura dualista da mecânica quântica parece exigir um segundo tipo de processo dinâmico associado à redução da função de onda e irredutível à equação determinista e reversível de Schrödinger. Mas ninguém conseguiu até agora dar uma interpretação realista desse segundo processo, nem determinar os critérios que prescrevem as situações em que deveríamos abandonar a equação de Schrödinger pela redução da função de onda.

Há outras características inabituais na mecânica quântica.[1] Muitos textos discutem sua "não localidade" característica. Não abordaremos, porém, esta questão. A localidade é uma propriedade associada à descrição newtoniana em termos de trajetórias. Não é tão espantoso que uma teoria como a mecânica quântica, que incorpora o aspecto ondulatório da matéria, conduza a uma forma de não localidade. Em seu último livro,[2] Roger Penrose distingue dois tipos de "mistérios" quânticos. Chama-os "mistérios Z" (da palavra *fuzziness*) e "mistérios X" (da palavra *paradox*). O primeiro tipo, segundo ele, é intrigante, mas pode ser interpretado. O segundo tipo é que coloca os problemas mais difíceis. A estrutura dualista da teoria quântica é um "mistério X".

---

1 Vide, por exemplo, D'ESPAGNAT, B. *À la recherche du réel*. Paris: Gauthiers-Villars, 1981.

2 PENROSE, R. *Shadows of the Mind*. Oxford: Oxford University Press, 1994, capítulo V.

Efetivamente, é o paradoxo quântico associado à estrutura dualista da teoria quântica que aqui nos interessa. Como veremos, este paradoxo está estreitamente ligado a um outro problema, que, por seu lado, é compartilhado pela teoria clássica das trajetórias: julgamos que, exatamente como esta última, a teoria quântica é *incompleta*. Em razão de sua simetria temporal, ela é incapaz de descrever os processos irreversíveis como a aproximação do equilíbrio. Contudo, esta última faz necessariamente parte de nossa descrição da natureza. Os sistemas em equilíbrio abundam ao nosso redor, desde a famosa radiação residual de corpo negro a $3°K$, cuja origem remonta a uma época próxima do *big bang*, até os sistemas gasosos, líquidos, sólidos, de que trata a física macroscópica.

Um aspecto inesperado da solução que obtivemos é que ela permite resolver ao mesmo tempo o paradoxo que caracteriza a mecânica quântica e o conflito com a termodinâmica, que faz com que a mecânica quântica participe da herança newtoniana. Obtemos, assim, uma formulação da teoria quântica que podemos caracterizar como realista em dois planos. Por um lado, esta formulação confere um significado dinâmico ao traço essencial do mundo constituído por seu aspecto evolutivo, de que a termodinâmica é testemunha. Por outro lado, ela permite interpretar em termos dinâmicos a redução da função de onda. A transição das funções de onda aos conjuntos pode ser interpretada como o resultado das ressonâncias de Poincaré, e isto sem nenhuma intervenção misteriosa do observador e sem recorrer a nenhuma hipótese incontrolável.

Recordamos várias propostas de extensão da teoria quântica, no capítulo 1. Ao contrário dessas propostas, nossa teoria leva a predições precisas e pode, portanto, ser posta à prova. No presente momento, ela foi verificada por todas as simulações digitais a que procedemos.[3]

---

3 PETROSKY, T., PRIGOGINE, I. *Phys. Lett.* A, v.182, p.5, 1993; PETROSKY, T., PRIGOGINE, I. "Quantum Chaos, Complex Spectral Representations and Time-Symmetry Breaking. In *Chaos, Solitons and Fractals*, v.IV, p.311, 1994; PETROSKY, T., PRIGOGINE, I., ZHANG, Z. (No prelo).

O retorno ao realismo inerente à nossa abordagem não é um retorno ao determinismo. Muito pelo contrário, ele acentua a dimensão probabilista já presente na mecânica quântica. Estou de acordo com Popper quando escreve: "Meu ponto de vista pessoal é que o indeterminismo é compatível com o realismo, e que aceitar este fato nos permite adotar uma concepção epistemológica coerente da teoria quântica em seu conjunto, bem como uma interpretação objetivista da probabilidade".[4] O que Popper chamava, no mesmo livro, seu "sonho metafísico", "que o mundo seria provavelmente igualmente probabilista na ausência de 'sujeitos observantes' que fazem experiências e interferem nele", faz agora parte do domínio da física propriamente dita. Vamos mostrar que a teoria quântica dos sistemas dinâmicos instáveis leva, como a teoria clássica, a uma descrição ao mesmo tempo realista e estatística. Mas, nesta nova formulação, a grandeza fundamental não é mais a amplitude de probabilidade, mas sim a própria probabilidade.

II

É a constatação experimental de que a interação entre átomos e luz implica frequências bem definidas de absorção e de emissão que esteve no ponto de partida da mecânica quântica. O modelo de átomo construído por Bohr caracteriza-se por níveis discretos de energia. De acordo com os dados experimentais (o princípio de Ritz-Rydberg), a frequência das linhas espectrais de emissão e de absorção é *a diferença entre dois níveis energéticos*. Este é um ponto muito importante, que marcou profundamente a história da teoria quântica. O problema foi reconciliar o átomo

---

4 POPPER, K. *Quantum Theory and the Schism in Physics*. Totowa, New Jersey: Rowman and Littlefield, 1982.

O FIM DAS CERTEZAS 143

de Bohr com o conceito de hamiltoniano, que, como vimos no capítulo anterior, está no centro da teoria clássica do movimento. O hamiltoniano clássico exprime a energia de um sistema dinâmico em termos de coordenadas e de momentos. Pode, portanto, assumir um conjunto contínuo de valores. Não pode dar significação a níveis de energia *discretos*. Por conseguinte, precisamos de um ponto de partida diferente: o hamiltoniano clássico H foi substituído na física quântica pelo operador hamiltoniano H_{op}.

Já utilizamos muitas vezes o formalismo dos operadores neste livro: apresentamos o operador de Perron-Frobenius, no capítulo 4, e o operador de Liouville, no capítulo 5. Mas é na física quântica que os operadores fizeram sua entrada na física pela primeira vez. Nas situações precedentes, precisávamos de operadores para apresentarmos a descrição estatística. Aqui, mesmo no nível individual, correspondente à função de onda, devemos introduzir operadores.

O problema central da mecânica quântica é a determinação das funções próprias u_a e dos valores próprios E do hamiltoniano H (somente escreveremos o índice *op* quando houver possibilidade de confusão). Os valores próprios E_α são identificados aos *valores observáveis* dos níveis de energia. Eles formam o espectro de H. Fala-se de espectro discreto quando os valores próprios sucessivos são separados por uma distância finita. Se sua distância tende a zero, fala-se de "espectro contínuo". Para uma partícula livre numa caixa de uma dimensão de comprimento L, a distância entre níveis energéticos é inversamente proporcional a L^2. Por conseguinte, quando L tende ao infinito, essa distância tende a zero e temos um espectro contínuo. No conceito de grande sistema de Poincaré (GSP), apresentado no capítulo 5, seção III, "grande" significa precisamente que os GSPs têm um espectro contínuo.

Como na teoria clássica, o hamiltoniano é uma função das coordenadas e dos momentos. Uma vez que o hamiltoniano é agora um operador, essas grandezas, e com elas todas as variáveis dinâmicas, devem doravante ser consideradas como operadores.

Para os físicos de hoje, a transição das funções para os operadores realizada pela mecânica quântica parece natural. Eles se acostumaram a manipular os operadores, exatamente como as crianças aprendem a manipular os números. No entanto, para os físicos clássicos, como o grande físico holandês H. A. Lorentz, a introdução dos operadores era difícil de aceitar, quase repugnante. Em todo caso, foi um passo audacioso e aqueles que, como Werner Heisenberg, Max Born, Pascual Jordan, Erwin Schrödinger e Paul Dirac, deram esse passo merecem toda a nossa admiração.

Numa ampla medida, situamo-nos no prolongamento desse processo. De fato, a introdução dos operadores cria uma diferença conceitual entre uma grandeza física, representada por um operador, e os valores numéricos que essa grandeza pode assumir, os valores próprios desse operador. Isso nos distancia de maneira decisiva do que podemos chamar de "o realismo ingênuo" da física clássica, vale dizer, da ideia de que as grandezas construídas pela teoria física correspondem diretamente ao que observamos na natureza, e a que atribuímos diretamente valores numéricos. O sucesso da noção de trajetória foi favorecer essa identificação direta entre o que observamos (por exemplo, a lua que se desloca e tem, em cada instante, uma posição mensurável) e a representação teórica que construímos. Como vimos, a ampliação da dinâmica leva a retirar da trajetória seu estatuto de grandeza primitiva e arruína, portanto, essa identificação intuitiva. A trajetória torna-se uma grandeza probabilista, análoga ao movimento browniano. O formalismo dos operadores na mecânica quântica leva também ao questionamento da trajetória. Podemos medir o momento de uma partícula bem como sua coordenada, mas não podemos atribuir-lhe, como exige a noção de trajetória, um valor bem definido ao mesmo tempo de sua coordenada e de seu momento. Esta é a lição das famosas relações de incerteza de Heisenberg.

Essas relações vêm do fato de que os operadores que correspondem respectivamente ao momento p e à posição q não comutam. Isto quer dizer que o resultado de sua aplicação sucessiva sobre uma função depende da ordem de sucessão dessas aplicações. Ora, como mostra qualquer manual, quando operadores não comutam, *não têm as mesmas funções próprias*. Não existe, portanto, nenhuma função de onda em que coordenadas e momentos pudessem ter ao mesmo tempo valores bem determinados. É preciso optar entre uma "representação em coordenadas" e uma "representação em momentos". Este é o conteúdo das relações de incerteza de Heisenberg. Nenhuma definição do objeto quântico permite atribuir a esse objeto um momento *e* uma posição bem determinados.

Já faz sessenta anos que esse resultado foi formulado por Heisenberg, Born e outros, mas as discussões a seu respeito jamais cessaram. Alguns ainda não renunciaram à esperança de restaurar o realismo determinista tradicional, cujo modelo é oferecido pela trajetória.[5] Nossa atitude situa-se no oposto. Já no estudo das aplicações caóticas e da dinâmica, encontramos certas limitações da noção de trajetória. Nosso procedimento inscreve-se na tradição da mecânica quântica. O objeto da física não corresponde mais a uma intuição ingênua. Toda definição, inclusive a do objeto "trajetória", é resultado de uma construção físico-matemática submetida às exigências de nosso diálogo experimental com a natureza. Tanto a física quântica quanto a noção de instabilidade nos levam a cingir os limites de validade da noção de trajetória e a introduzir uma descrição mais geral.

Voltemo-nos agora para as noções de estado e de evolução temporal de um sistema quântico. Como vimos, o estado, na mecânica clássica, é um ponto no espaço das fases e a evolução é ali descrita por uma trajetória. Na mecânica quântica, o estado é descrito por uma função de onda e sua evolução, pela equação de Schrödinger: $ih/2 \, \pi \partial \psi(t) / \partial t = H_{op} \, \psi(t)$. Esta equação identifica a derivada em relação ao tempo da função de onda ψ com

---

5 Vide JAMMER, M. *The Philosophy of Quantum Mechanics*. New York: John Wiley, 1974.

a ação do operador hamiltoniano sobre ψ. Note-se a analogia formal com a equação de Liouville apresentada no capítulo 5, seção III. A diferença essencial é que o operador de Liouville L age sobre as distribuições de probabilidade ρ, ao passo que o operador hamiltoniano age sobre as funções de onda. Outra diferença, a equação de Schrödinger não é deduzida de outras leis, mas postulada logo de saída. Só pode, portanto, ser verificada pela experiência. Ela é a lei fundamental da mecânica quântica. (Existem generalizações da equação de Schrödinger, por exemplo a equação relativista de Dirac, mas não precisaremos delas aqui.)

Já mencionamos a significação física da função de onda: ela corresponde a uma *amplitude* de probabilidade. A amplitude é uma noção que provém da física dos fenômenos ondulatórios. A analogia que guiou Schrödinger na construção de sua equação era a óptica clássica. Ao contrário das equações de trajetória na mecânica clássica, a equação de Schrödinger é uma equação de onda. É uma equação de derivadas parciais, porque, além da derivada em relação ao tempo, derivadas em relação às coordenadas, aparecem em H_{op} (na representação em coordenadas, o operador "momento" é uma derivada em relação à coordenada). Mas as equações quânticas e as equações canônicas (isto é, formuladas no quadro da dinâmica hamiltoniana) clássicas têm um elemento em comum: elas são da primeira ordem em relação ao tempo. Quando ψ é conhecido num instante qualquer t_0 e são dadas as condições nos limites (por exemplo, $\psi \to 0$ no infinito), podemos calcular ψ em qualquer instante do futuro ou do passado. Tornamos a encontrar aqui a concepção determinista da mecânica clássica, mas neste caso ela diz respeito à função de onda, não à trajetória.

Além disso, a equação de Schrödinger é reversível em relação ao tempo, exatamente como as equações clássicas do movimento. Quando substituímos t por $-t$, a equação permanece válida. Devemos apenas substituir ψ por seu complexo conjugado ψ^*. Consequentemente, a uma transição de ψ_1 a ψ_2 entre os instantes t_1 e t_2 (superior a t_1) corresponde uma transição de ψ_2^* a ψ_1^*.

O FIM DAS CERTEZAS   147

É interessante recordar uma observação feita por Eddington nos primórdios da mecânica quântica: as probabilidades quânticas são "obtidas introduzindo dois sistemas simétricos de onda que se deslocam em direções opostas do tempo".[6] Com efeito, como acabamos de ver, ψ^* pode ser interpretado como uma função de onda viajando para o passado. Ora, como dissemos no capítulo 1, a probabilidade propriamente dita $/\psi/^2$ é obtida multiplicando-se ψ por seu complexo conjugado ψ^*. A definição da probabilidade poderia, portanto, ser interpretada como um *encontro* entre dois tempos, um vindo do passado, outro do futuro. O que significa que a probabilidade definida pela mecânica quântica é essencialmente simétrica em relação ao tempo.

Concluindo, a despeito de diferenças fundamentais, tanto a mecânica quântica quanto a mecânica clássica levam a leis deterministas e reversíveis em relação ao tempo. Sua formulação não admite nenhuma diferença entre passado e futuro e conduz, portanto, como vimos no capítulo 1, ao paradoxo do tempo. Note-se um outro traço comum: o duplo papel desempenhado pelo hamiltoniano. Na mecânica clássica, ele exprime a energia, e é, portanto, uma grandeza conservada pelo movimento, mas é também ele que permite obter pelas equações canônicas a evolução no tempo das coordenadas e dos momentos. Na mecânica quântica, os valores próprios do operador hamiltoniano determinam, como vimos na seção II, os níveis de energia, e o hamiltoniano determina igualmente a evolução no tempo da função de onda.

A solução formal da equação de Schrödinger é $\psi(t) = U(t)\,\psi(0)$ com $U(t) = exp(-iHt)$. $U(t)$ é o operador de evolução que liga o valor da função de onda no tempo t ao que ela possuía no instante inicial $t = 0$. O futuro e o passado desempenham o mesmo papel, pois $U(t_1 + t_2) = U(t_1)U(t_2)$ sejam quais forem os sinais de t_1 e de t_2. Dizemos do operador de evolução $U(t)$ que ele corresponde a um "grupo dinâmico" (vide também o capítulo 5).

---

6 EDDINGTON, A. *The Nature of the Physical World*, op. cit., 1958.

Como no caso dos sistemas clássicos, interessaremo-nos pelos sistemas pelos quais o hamiltoniano H é a soma de um hamiltoniano livre H_0 e de um termo determinado por interações λV, e que se escreve, pois, $H = H_0 + \lambda V$. A história temporal de um tal sistema pode, então, ser descrita pelas transições, que induzem as interações, entre os valores próprios de H_0. No que diz respeito a um sistema quântico descrito somente por um hamiltoniano de tipo H_0, ou seja, cujas funções próprias e os valores próprios pertencem ao espaço de Hilbert, não podemos falar de "história". A situação é análoga à dos sistemas integráveis de Poincaré, isomorfos, como vimos, a um conjunto de partículas livres, desprovidas de interação.

De fato, enquanto permanecemos no espaço de Hilbert, os valores próprios E_α de H são *reais* (exatamente como o operador de Liouville L, o operador hamiltoniano H é hermitiano e os operadores hermitianos têm valores próprios reais no espaço de Hilbert). A evolução definida por $U(t)$ corresponde a uma superposição de termos oscilantes $exp(-iE_\alpha t)$. Esta forma exclui qualquer processo irreversível. E, no entanto, existem processos irreversíveis na mecânica quântica, que nela desempenham inclusive um papel primordial. Pense-se nos saltos quânticos do modelo de Bohr, nos átomos excitados que caem no estado fundamental com emissão de fótons (vide Figura 6.1) ou na desintegração de partículas instáveis.

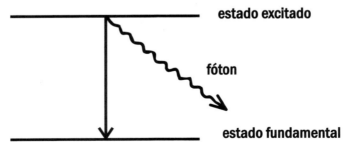

FIGURA 6.1 – Desexcitação de um átomo excitado: o átomo cai do estado excitado para o estado fundamental, com emissão de um fóton.

Como podem processos desse tipo ser inseridos no quadro da teoria quântica tradicional, utilizando o espaço de Hilbert? Frisemos que estes casos correspondem a grandes sistemas. O átomo vê-se encerrado num volume suficientemente grande. A superposição dos modos oscilantes torna-se, então, uma integral. Por conseguinte, podemos calcular a evolução das probabilidades $/\psi/^2$ e obter uma evolução correspondente a um processo de desexcitação. À primeira vista, isso parece satisfatório. Os processos de desexcitação parecem incluídos na mecânica quântica tradicional. Mas subsiste uma dificuldade. A teoria de Bohr previa transições que obedecessem a uma lei exponencial. Aqui se obtém uma evolução "quase" exponencial: foi possível mostrar que enquanto permanecemos no espaço de Hilbert, existem afastamentos da lei exponencial, tanto para os tempos curtos (da mesma ordem que a frequência da oscilação do elétron ao redor do núcleo, $\sim 10^{-16}$ s) quanto para os tempos longos (por exemplo, de dez a cem vezes o tempo de vida do estado excitado, que é da ordem de 10^{-9} s). No entanto, apesar de um grande número de estudos experimentais, a lei exponencial resistiu: nenhum desvio pôde ser constatado. E isto é bom, pois se esses desvios existissem, poriam em sérias dificuldades os fundamentos da física das partículas. Suponhamos que preparemos um feixe de partículas instáveis, que as deixemos decompor-se durante certo tempo e depois preparemos um segundo feixe: os dois feixes preparados em momentos diferentes teriam leis de decomposição diferentes e poderíamos distingui-los da mesma forma como podemos discernir pessoas de idade e pessoas mais jovens! Isto seria uma violação do princípio de indiscernibilidade das partículas elementares, princípio este que permitiu alguns dos maiores êxitos da teoria quântica (por exemplo, a explicação da superfluidez do hélio líquido ou a teoria do estado sólido). Portanto, mesmo neste caso simples, já devemos ir além do espaço de Hilbert.

III

O problema central da mecânica quântica é a solução do "problema dos valores próprios", isto é, a definição dos valores próprios do hamiltoniano. Exatamente como na mecânica clássica, este problema só foi resolvido de maneira exata para um pequeno número de sistemas quânticos. Em geral se recorre a uma abordagem perturbacional. Como na mecânica clássica, parte-se de um hamiltoniano da forma $H = H_0 + \lambda V$, onde H_0 corresponde ao operador hamiltoniano de um sistema para o qual o problema dos valores próprios foi resolvido e em que V, considerado como uma perturbação, diferencia o sistema tratado do sistema de referência. A grandeza λ é a constante de acoplamento. A situação é, portanto, totalmente análoga ao problema da integração dos sistemas clássicos. Supomos que conhecemos a solução do problema $H_0\, u_n^{(0)} = E_n^{(0)}\, u_n^{(0)}$ e que queremos resolver o problema nos valores próprios $H\, u_n = E_n\, u_n$. O procedimento canônico consiste em desenvolver em série ao mesmo tempo os valores próprios e as funções próprias em potências crescentes da constante de acoplamento λ.

A abordagem perturbacional segue um procedimento de recorrência, fazendo intervir equações para cada ordem em λ. A solução dessas equações implica termos que têm a forma perigosa, por assim dizer, $1/(E_n^{(0)} - E_m^{(0)})$: eles se tornam mal definidos quando o denominador se anula. Temos de novo ressonâncias (como no caso clássico, elas acoplam frequências, pois a energia na mecânica quântica corresponde a uma frequência: $E = h\omega/2\pi$). Deparamo-nos de novo com o problema de divergências, que se acha no centro do teorema de Poincaré sobre os sistemas não integráveis.

Há, porém, uma diferença essencial. Já apresentamos a distinção entre espectro discreto e espectro contínuo. Na mecânica quântica, esta distinção se torna crucial. De fato, quando o sistema é descrito por um espectro discreto, em geral é possível evitar o problema das divergências graças a uma escolha apropriada do hamiltoniano não perturbado (em termos técnicos, primeiro levantamos a degenerescência por meio de uma transformação apropriada). Como os sistemas quânticos *finitos* têm um espectro discreto, pode-se concluir que todos os sistemas quânticos finitos são integráveis. Mas a situação muda de maneira radical quando nos voltamos para os grandes sistemas quânticos. O espectro desses sistemas é contínuo e nos achamos, então, diante do análogo quântico dos GSPs. O exemplo da partícula acoplada a um campo, que apresentamos no capítulo 5, seção V, se aplica igualmente na mecânica quântica. Temos ressonâncias toda vez que a frequência ω_l associada à partícula é igual a uma frequência ω_k associada ao campo.

O exemplo representado na Figura 6.1 – a desexcitação de um átomo excitado – corresponde também a um GSP. Temos uma ressonância toda vez que a energia correspondente à diferença entre dois níveis energéticos é igual à energia do fóton emitido.

Como no caso do caos determinista estudado no capítulo 4, podemos estender o problema dos valores próprios a funções *singulares* fora do espaço de Hilbert. O grupo dinâmico divide-se de novo em dois semigrupos. Existem, então, duas funções que correspondem ao átomo excitado: uma, digamos φ_l, descreve uma desexcitação exponencial no futuro ($\varphi_l \sim e^{-t/\tau}$), ao passo que a outra, $\widetilde{\varphi}_l$, descreve uma desexcitação no passado ($\widetilde{\varphi}_l \sim e^{t/\tau}$). Só um destes semigrupos é realizado na natureza. Este é até o primeiro caso na literatura em que a necessidade de sair do espaço de Hilbert para obter uma lei exponencial exata foi reconhecida, principalmente por A. Böhm[7] e G. Sudarshan.[8] Contudo, nesta abordagem, a grandeza central continua sendo a amplitude de

---

7 BÖHM, A. *Qualitum Mechanics*. Berlin: Springer, 1986; e BÖHM, A., GADELLA, M. *Dirac Kets, Gamov Vectors, Gelfand Triplets*. Berlin: Springer, 1989.

8 SUDARSHAN, G. *Symmetry Principles at High Energies*. PERLMUTTER, A. et al. (Ed.) San Francisco, Freeman, 1966; e SUDARSHAN, G., CHIU, C. B., GORINI, V. *Phys. Rev. D.*, v.XVIII, p.2914, 1978.

probabilidade, e o paradoxo fundamental da mecânica quântica, ligado à sua estrutura dualista, não é resolvido.

De fato, a desexcitação de átomos excitados ou a decomposição de partículas instáveis corresponde apenas a uma transferência de energia de um sistema (o átomo excitado ou a partícula instável) a outro (por exemplo, os fótons emitidos). Não há aproximação do equilíbrio. É para este problema que nos voltaremos agora. Ele requer uma modificação fundamental da teoria quântica: também aqui, como na mecânica clássica, temos de ir da descrição individual, em termos de função de onda, a uma descrição estatística, em termos de conjuntos.

IV

A transição do nível de descrição individual ao nível estatístico apresenta na mecânica quântica traços específicos em comparação com o caso clássico; neste, a distribuição de probabilidade $\rho(q, p)$ é uma função ao mesmo tempo das coordenadas e dos momentos. Uma trajetória corresponde, como vimos, a uma função singular de tipo função . Na mecânica quântica, o estado associado à função de onda é descrito por uma função *contínua* das variáveis independentes. Podemos tomar como variáveis independentes ou as coordenadas, e estudar $\psi(q)$, ou os momentos, e estudar $\psi(p)$. Mas as relações de incerteza proíbem-nos de introduzir ao mesmo tempo as coordenadas e os momentos. A definição do estado quântico faz intervir *a metade das variáveis* que entram na definição do estado clássico.

O estado quântico ψ representa uma amplitude de probabilidade. A probabilidade correspondente ρ é dada pelo produto das amplitudes $\psi(q)\ \psi(q')^*$. É, portanto, uma função dos *dois* conjuntos de variáveis q e q' (ou p e p'). Podemos escrever $\rho(q, q')$ ou $\rho(p, p')$, correspondendo a primeira expressão à representação em coordenadas, a segunda à representação em momentos. É a segunda que nos será útil em seguida. Na mecânica quântica, a probabilidade ρ é também chamada "matriz densidade".

É fácil escrever a equação de evolução de ρ, pois a equação para ψ é conhecida (é a equação de Schrödinger). A evolução de ρ é dada pela forma quântica da equação de Liouville, que se escreve: $ih/2\pi\ \partial\rho/\partial t = L\rho = H\rho - \rho H$. O último termo é o comutador de ρ com H. É fácil deduzir daí que, quando ρ é uma função de H, temos o equilíbrio. De fato, nesse caso o comutador é nulo, pois H comuta com uma função de si mesmo, $\rho(H)$, e $\partial\rho/\partial t$ é, portanto, igual a zero: a função de distribuição permanece, então, constante ao longo do tempo.

Já consideramos o caso da função de distribuição ρ correspondente a uma única função de onda. Podemos igualmente considerar o caso em que ρ corresponde a uma mistura das diferentes funções de onda. A equação de Liouville permanece a mesma.

Para os sistemas integráveis, a formulação estatística nada introduz de novo. Suponhamos, com efeito, que conhecemos as funções próprias $\varphi_\alpha(p)$ e os valores próprios E_α de H. As funções próprias de L são, então, os produtos $\varphi_\alpha(p)\ \varphi_\beta(p')$ e os valores próprios são as diferenças $E_\alpha - E_\beta$. Os problemas colocados pela construção da representação espectral de H e de L são, então, equivalentes. Os valores próprios $E_\alpha - E_\beta$ de L correspondem diretamente às frequências que a espectroscopia mede. A evolução no tempo da função ρ é uma superposição de termos oscilantes $exp[-i\ (E_\alpha - E_\beta)\ t]$. Novamente, não pode haver aí aproximação do equilíbrio.

Vemos muito bem por que não basta estender a definição das funções de onda para além do espaço de Hilbert. Com efeito, como indicamos na seção III, isso levaria a energias complexas de forma $E_\alpha = \omega_\alpha - i\gamma_\alpha$, o que é satisfatório para a desexcitação de átomos ou para a decomposição de partículas instáveis, *mas não o é para os processos irreversíveis* tais como aparecem na aproximação do equilíbrio. Tomemos como exemplo um gás quântico cuja aproximação do equilíbrio implica termos de relaxação. Ao contrário das frequências espectroscópicas (princípio de Ritz-Rydberg), os tempos de relaxação não são diferenças entre dois números γ_a e γ_b. No entanto, é o que eles deveriam ser num formalismo de função de onda, mesmo estendido. Uma tal solução levaria a contradições: de fato, apesar da parte complexa de E_α, todos os elementos diagonais (cujos dois índices têm os mesmos valores) de ρ, isto é, todas as funções próprias de L que têm a forma $\varphi_\alpha\,(p)\ \varphi_\alpha\,(p')$ corresponderiam a invariantes. Neste caso, o valor próprio $E_\alpha - E_\alpha$ é nulo. Não poderia, portanto, haver aí uma aproximação do equilíbrio. Surgem dificuldades tão logo consideramos soluções fatoradas. É preciso, sem dúvida, sair do espaço de Hilbert, mas é preciso fazê-lo no nível das probabilidades, e não no das funções de onda.

É esta a direção que tomaremos. Vamos resolver o problema dos valores próprios associado à equação quântica de Liouville para GSPs em espaços mais gerais que o espaço de Hilbert. Isto nos levará a descrições irredutíveis a funções de onda, como nos sistemas integráveis. Como no caso clássico, isto implicará dois ingredientes fundamentais: levar em consideração interações persistentes associadas a funções de distribuição *não localizadas* que implicam singularidades, e também considerar ressonâncias de Poincaré que levam a processos dinâmicos novos, associados a evoluções de tipo difusivo. São estas soluções novas no nível estatístico que permitem uma descrição quântica realista, nos dois sentidos do termo: no sentido de que essa descrição pode dar conta da aproximação do equilíbrio e de que a redução da função de onda se vê associada a processos dinâmicos bem definidos.

V

Podemos retomar nossa apresentação do capítulo 5 para os sistemas clássicos. A solução formal da equação de Liouville

$i\partial\rho/\partial t = L\rho$, onde $L\rho$ é o comutador do hamiltoniano com ρ, $H\rho - \rho H$ pode ser escrito ou $\rho(t) = e^{-iLt}\rho(0)$, ou então $\rho(t) = e^{-iHt}\rho(0)\, e^{+iHt}$. A segunda formulação confirma a observação de Eddington (seção II): tudo se passaria como se tivéssemos duas evoluções dinâmicas independentes, uma associada a e^{-iHt}, outra a e^{+iHt}, uma indo para o futuro e outra, para o passado (t substituído por $-t$). Se assim fosse, não poderia, evidentemente, haver quebra da simetria do tempo. A descrição estatística conservaria a simetria da equação de Schrödinger. Mas este não é mais o caso quando aparecem as ressonâncias de Poincaré, que acoplam, como veremos, as duas evoluções temporais (e^{-iHt} e e^{+iHt}). Partiremos, pois, da expressão $\rho(t) = e^{-iLt}\rho(0)$, que descreve uma sequência temporal *única* no espaço de Liouville. Em outras palavras, a fim de incorporarmos os efeitos das ressonâncias, devemos ordenar os eventos dinâmicos segundo *uma só* sequência temporal.

Podemos, então, descrever as interações como no capítulo 5: uma sucessão de eventos separados por movimentos livres. Na mecânica clássica, esses eventos modificam os valores dos vetores de onda k e dos momentos p. Descrevemos no capítulo 5 os eventos de criação e de destruição das correlações, e vimos que o fator crucial novo era o aparecimento, para os GSPs, de novos eventos, as *bolhas* (vide Figura 5.7), que acoplam eventos de criação e de destruição. Esses eventos, que traduzem as ressonâncias de Poincaré, têm efeitos dinâmicos que modificam radicalmente a descrição dinâmica, pois introduzem uma difusão, quebram a simetria do tempo e destroem o determinismo. Podemos identificar esse mesmo tipo de evento na mecânica quântica.

Para tanto, devemos introduzir variáveis que desempenham o mesmo papel que os vetores de onda k associados na mecânica clássica à representação de Fourier. No caso clássico, havíamos partido de uma formulação estatística em que a função de distribuição $\rho(q,p)$ era expressa em função das coordenadas q e dos momentos p. Eliminamos as coordenadas passando às transformadas de Fourier ρ_k (p), que se escrevem em termos de vetores de onda k e de momentos. Esta transformação é necessária para exprimir a não localização das funções de distribuição associadas a interações persistentes. Na mecânica quântica, podemos seguir um procedimento similar.[9] Partimos da matriz densidade $\rho(p,p')$ na representação em momentos. É uma função de dois conjuntos de variáveis p e p'. Introduzimos novas variáveis graças às relações $k = p - p'$ e $P = 1/2$ $(p + p')$. Podemos, então, introduzir, como na mecânica clássica, ρ_k (P). O sentido físico de k é, como é evidente, completamente diferente. É agora uma diferença de dois momentos e não mais a transformada de Fourier da coordenada. Apesar desta diferença, podemos mostrar que $k = p - p'$ desempenha na mecânica quântica o mesmo papel que o vetor de onda na mecânica clássica (vide capítulo 5, seção V). Por exemplo, nas interações, a soma dos k é conservada. Quanto a P, é preciso notar uma pequena diferença com seu análogo clássico, o momento p: durante as interações, as modificações de P implicam a constante de Planck h. Para $h \to 0$, reencontramos, porém, a fórmula clássica. Esta diferença não tem nenhum efeito importante no desenvolvimento formal e não nos deteremos nela.

As formulações dinâmicas dos GSPs clássicos e quânticos tornam-se, assim, muito similares. Em ambos os casos, as ressonâncias de Poincaré introduzem eventos dinâmicos novos que acoplam a criação e a destruição das correlações e descrevem processos difusivos. Em ambos os casos, essas ressonâncias implicam que a probabilidade se torna irredutível e a dimensão probabilista da teoria quântica se vê, portanto, acentuada em relação à formulação canônica.

No capítulo 5, introduzimos uma diferença fundamental entre as interações transitórias e persistentes. As interações persistentes desempenham um papel essencial, pois caracterizam

---

9 PETROSKY, T., PRIGOGINE, I., loc. cit. capítulo 5. PRIGOGINE, I. *International Journal of Quantum Chemistry*, v.LIII, p.105, 1995.

todas as situações em que a termodinâmica é pertinente no nível fenomenológico (vide o capítulo 5, seção VIII). Como no caso clássico, o *scattering* persistente é típico de um grande número de situações descritas pela mecânica estatística ou pela cosmologia. Pensemos de novo no caso mais banal, as moléculas da atmosfera, que entram em colisões contínuas, são dispersadas, entram de novo em colisão... Como na mecânica clássica, as funções de distribuição quânticas ρ que correspondem a interações persistentes são *não localizadas*. Isto leva a *funções singulares nas variáveis k* e nos força a sair do espaço de Hilbert.

As duas propriedades fundamentais que acabamos de recordar, as distribuições de probabilidade singulares não localizadas e as ressonâncias de Poincaré, são, como na mecânica clássica, as condições de representação espectral irredutível do operador de Liouville L. Do ponto de vista da teórica quântica, os dois elementos novos essenciais são que nestas novas representações, por um lado os valores próprios não são mais diferenças de valores próprios (que poderiam, então, ser obtidos com o auxílio da equação de Schrödinger), e, por outro lado, as funções próprias não são expressas em termos de amplitudes de probabilidade, as grandezas básicas são as próprias probabilidades.

Nossas predições já foram verificadas em situações simples.[10] Um caso particularmente simples é o de uma situação inicial correspondente a uma onda plana $\varphi(x) \sim e^{ikx}$ que interage de maneira persistente com um conjunto de alvos. A matriz densidade correspondente na representação em coordenadas é $\rho(x, x') \approx e^{ik(x-x')}$. Para $x = x'$, temos uma grandeza independente dos x, isto é, não localizada. As colisões com os alvos levam a ressonâncias. Nossas duas condições, não localização e ressonâncias de Poincaré, se veem realizadas. Esta situação não pode ser tratada no quadro da mecânica quântica usual, associada ao espaço de Hilbert. Podemos acompanhar no computador a

---

10 Referências citadas na nota 3 deste capítulo.

redução progressiva da função de onda inicial. Esse processo resulta da evolução dinâmica, sem que seja necessário recorrer a elementos estranhos. A noção confusa de redução da função de onda se vê, portanto, esclarecida. A função de onda não desaparece, mas torna-se uma grandeza aleatória que não satisfaz mais à equação determinista de Schrödinger. Este processo é análogo ao que descrevemos no capítulo 5, em que a trajetória se torna uma grandeza probabilista à maneira de uma partícula browniana.

VI

Foi no quinto conselho de física Solvay, que ocorreu em Bruxelas, em 1927, que começou este debate histórico que, durante décadas, contrapôs Einstein a Bohr acerca da interpretação do formalismo quântico. Segundo Bohr:

> Para introduzir a discussão sobre este assunto, pediram-me na conferência que eu fizesse um relatório sobre os problemas epistemológicos que a física quântica nos faz enfrentar. Aproveitei a oportunidade para me concentrar na questão da terminologia apropriada a adotar e para defender o ponto de vista da complementaridade. O argumento principal era que uma comunicação dos dados físicos desprovida de ambiguidade exige que o dispositivo experimental, bem como o registro das observações, sejam expressos na linguagem comum, tal como foi precisada de maneira adequada pela física clássica.[11]

Mas como descrever um aparelho em termos clássicos num mundo regido pelas leis quânticas? Este continua sendo o ponto fraco da chamada "interpretação de Copenhague". Mas essa in-

---

11 *Essays 1958-1962 on Atomic Physics and Human Knowledge.* New York: Interscience, 1963.

terpretação conserva, porém, um elemento essencial de verdade: a medição é um modo de comunicação. É porque, segundo os termos de Heisenberg, somos ao mesmo tempo "atores" e "espectadores" que podemos aprender alguma coisa da natureza. Esta comunicação, no entanto, exige um tempo comum. É esse tempo comum que é introduzido pela nossa abordagem, tanto na mecânica quântica quanto na clássica.

O aparelho que efetua as medições, quer seja um dispositivo físico, quer seja o nosso próprio dispositivo sensorial, deve obedecer às leis ampliadas da dinâmica clássica ou quântica, que incluem a quebra de simetria temporal. Existem sistemas dinâmicos integráveis, no sentido clássico ou quântico. Mas, tomados isoladamente, não são observáveis. A observação pressupõe a interação com um instrumento de medida ou com nossos sentidos. É por isso que a teoria quântica usual, que tem como eixo os sistemas integráveis, tinha de incluir uma referência suplementar acerca da medida. É por isso que Bohr queria, como já observamos, ao mesmo tempo a equação de Schrödinger e a redução da função de onda. Uma teoria física só pode ser completa se incluir a possibilidade de medidas. É precisamente isto que a nossa abordagem permite, sem implicar a dualidade postulada por Bohr. O aparelho deve ser um GSP de simetria temporal quebrada. A direção do tempo é comum ao aparelho de medida e ao observador. Não é mais necessário introduzir uma referência específica à medição na interpretação do formalismo. Os GSPs medem-se a si mesmos, por assim dizer. A atualização das potencialidades contidas nas funções de onda se faz graças aos GSPs.

O que atormentara Einstein era, em primeiro lugar, o aspecto subjetivista da mecânica quântica, o papel insensato atribuído ao observador. Em nossa abordagem, o observador e suas medições não desempenham mais um papel ativo na evolução dos sistemas quânticos, em todo caso não mais do que na mecânica clássica. Em ambos os casos, transformamos em ação a informação que recebemos do mundo circunstante. Mas este papel, se é importante à escala humana, nada tem a ver com o de demiurgo que a teoria quântica tradicional atribuía ao homem, considerado responsável pela atualização das potencialidades da natureza. Neste sentido, nossa abordagem restaura o senso comum. Elimina os traços antropocêntricos implícitos na formulação tradicional da teoria quântica e reencontra o caminho do realismo físico, como desejava Popper.

Podemos colocar a questão, sabendo muito bem que ela permanecerá sem resposta. Poderíamos ter reconciliado Bohr e Einstein? Talvez sim, pois conservamos – acentuamos, até – o caráter probabilista da mecânica quântica, caro a Bohr, mas ao mesmo tempo eliminamos o seu aspecto subjetivista, em conformidade com os votos de Einstein.

CAPÍTULO 7

NOSSO DIÁLOGO
COM A NATUREZA

I

A ciência é um diálogo com a natureza. As peripécias desse diálogo foram imprevisíveis. Quem teria imaginado no início deste século a existência das partículas instáveis, de um universo em expansão, de fenômenos associados à auto-organização e às estruturas dissipativas? Mas como é possível um tal diálogo? Um mundo simétrico em relação ao tempo seria um mundo incognoscível. Toda medição, prévia à criação dos conhecimentos, pressupõe a possibilidade de ser afetado pelo mundo, quer sejamos nós os afetados, quer sejam os nossos instrumentos. Mas o conhecimento não pressupõe apenas um vínculo entre o que conhece e o que é conhecido, ele exige que esse vínculo crie uma diferença entre passado e futuro. A realidade do devir é a condição *sine qua non* de nosso diálogo com a natureza.

Compreender a natureza foi um dos grandes projetos do pensamento ocidental. Ele não deve ser identificado com o de controlar a natureza. Seria cego o senhor que acreditasse compreender seus escravos sob pretexto de que eles obedecem às suas ordens. Evidentemente, quando nos dirigimos à natureza, sabemos que não se trata de compreendê-la da mesma forma como compreendemos um animal ou um homem. Mas também aí se aplica a convicção de Nabokov: "O que pode ser controlado não é nunca totalmente real, o que é real não pode nunca ser rigorosamente controlado".[1] Quanto ao ideal clássico da ciência, o de um mundo sem tempo, sem memória e sem história, ele evoca os pesadelos descritos nos romances de Huxley, de Orwell e de Kundera.

Em *Entre o tempo e a eternidade*, Isabelle Stengers e eu recordamos como era sem precedente a convicção dos físicos, de mais de um século para cá, acerca da simetria do tempo, uma convicção tão estranha que foi preciso, aliás, esperar pelo fracasso de Boltzmann para que fosse decifrada essa mensagem inscrita desde Galileu na física newtoniana. O determinismo tem raízes antigas no pensamento humano, e esteve associado tanto à sabedoria, à serenidade, quanto à dúvida e ao desespero. A negação do tempo, o acesso a uma visão que escape à dor da mudança, é um ensinamento místico. Mas a reversibilidade da mudança não havia, por seu lado, sido pensada por ninguém. "Nenhuma especulação, nenhum saber jamais afirmou a equivalência entre o que se faz e o que se desfaz, entre uma planta que nasce, floresce e morre, e uma planta que ressuscita, rejuvenesce e retorna para sua semente primitiva, entre um homem que amadurece e aprende e um homem que se torna progressivamente criança, depois embrião, depois célula".[2]

No capítulo 1, evocamos o dilema de Epicuro, colocado diante do determinismo defendido pelos físicos de sua época. Hoje, a situação mudou. Em qualquer nível que seja, a física e as

---

1 É assim que Catherine Hayles (in *The Cosmic Web. Scientific Field Models and Litterary Strategies in the 20th Century*. Ithaca: Cornell University Press, 1984, p.136) resume a "metafísica" de Nabokov em *Ada*.

2 PRIGOGINE, I., STENGERS, I. *Entre le temps et l'éternité*. Paris: Fayard, 1988. p.26.

outras ciências confirmam nossa experiência da temporalidade: vivemos num universo em evolução. O essencial deste livro visa a mostrar que a última fortaleza que resistia a esta afirmação acaba de ceder. Estamos, agora, em condições de decifrar a mensagem da evolução tal como ela se enraíza nas leis fundamentais da física. Somos doravante capazes de decifrar seu significado em termos de instabilidade associada ao caos determinista e à não integrabilidade. O resultado essencial de nossa pesquisa é, de fato, a identificação de sistemas que impõem uma ruptura da equivalência entre a descrição individual (trajetórias, funções de onda) e a descrição estatística de conjuntos. E é no nível estatístico que a instabilidade pode ser incorporada às leis fundamentais. As leis da natureza adquirem, então, um significado novo: não tratam mais de certezas morais, mas sim de possibilidades. Afirmam o devir, e não mais somente o ser. Descrevem um mundo de movimentos irregulares, caóticos, um mundo mais próximo do imaginado pelos atomistas antigos do que das órbitas newtonianas. Esta desordem constitui precisamente o traço fundamental da representação microscópica aplicável aos sistemas aos quais a física aplicara, desde o século XIX, uma descrição evolucionista, aquela que o segundo princípio da termodinâmica traduz em termos de crescimento da entropia.

Nos capítulos 3 e 4, estudamos certos caos deterministas, ao passo que nos capítulos 5 e 6 discutimos o papel das ressonâncias de Poincaré nas mecânicas clássica e quântica. O fato de que, nas aplicações caóticas, a irreversibilidade já aparece em sistemas com poucos graus de liberdade permitiu um estudo matemático simples e rigoroso, mas o preço a pagar é o caráter simplificado das equações do movimento. No que diz respeito aos sistemas propriamente dinâmicos, introduzimos o conceito de "grande sistema de Poincaré" (GSP) e vimos que a construção de uma formulação estatística que vá além das formulações usuais da mecânica clássica ou quântica respondia a duas condições: em primeiro lugar, a existência de ressonâncias de Poincaré, que levam a processos novos de tipo difusivo incorporados na descrição dinâmica no nível estatístico; em seguida, interações persistentes descritas por funções de distribuição *não localizadas*. Estas duas condições permitem uma definição mais geral do *caos*. Como é o caso com o caos determinista, elas tornam possíveis novas soluções das equações estatísticas associadas à dinâmica, soluções que não podem ser expressas em termos de trajetórias ou de funções de onda. Quando essas condições não são satisfeitas, voltamos às formulações usuais. É o caso em muitos exemplos simples, como o problema de dois corpos (por exemplo, o Sol e a Terra) ou as experiências habituais de *scattering*, em que as partículas estão livres antes e depois do encontro com o alvo. No entanto, estes exemplos correspondem sempre a idealizações. O Sol e a Terra não estão sozinhos, fazem parte do sistema planetário. E as experiências de *scattering* devem ser feitas em condições de laboratório controladas, pois as partículas, uma vez dispersadas, sempre encontram novas partículas, jamais estão, portanto, livres. Só isolando algumas partículas e estudando separadamente sua dinâmica obtemos a formulação usual. A quebra de simetria temporal é uma propriedade *global,* que exige a consideração do sistema dinâmico como um todo.

Uma característica notável de nossa abordagem é sua aplicação tanto aos sistemas clássicos quanto aos sistemas quânticos. Esta característica é ainda mais notável porque estamos em condições de nos confrontar, na mecânica quântica, com o papel desempenhado pelo observador, que parece impor a estrutura dualista do formalismo quântico. Nossa abordagem compreende esse paradoxo quântico como um aspecto do paradoxo geral do tempo, que afeta igualmente a mecânica clássica. A especificidade da mecânica quântica consiste apenas em ter tornado explícito este paradoxo, associando-o ao problema da medição. A partir dos anos 50, o próprio Niels Bohr não se cansou de afirmar que este problema traduzia a necessidade de um outro tipo de tempo, distinto do tempo reversível da equação de Schrödinger.

O FIM DAS CERTEZAS 165

Escrevia ele: "Cada fenômeno atômico é fechado, no sentido de que sua observação se baseia num registro obtido por dispositivos convenientes de amplificação dotados de um funcionamento irreversível, como, por exemplo, as marcas permanentes produzidas sobre uma placa fotográfica".[3] Através do problema da medida, coloca-se a questão da evolução temporal irreversível associada à redução da função de onda.

Não é de espantar, portanto, que o paradoxo do tempo e o paradoxo quântico estejam estreitamente ligados em nossa abordagem. A solução do primeiro acarreta a do segundo. Como vimos, os sistemas dinâmicos quânticos, quando pertencem à classe dos GSPs, devem ser descritos no nível estatístico. E para entrar em comunicação com um sistema quântico, precisamos de um GSP que aja como um instrumento de medida. Portanto, é agora o segundo tipo de evolução quântica que constitui o caso geral, pois é a condição necessária de toda descrição da realidade física. Como recordava A. Rae: "Um processo quântico puro (descrito pela equação de Schrödinger) sempre ocorre segundo um ou alguns parâmetros que foram destacados do resto do universo, e talvez até do próprio espaço-tempo, e que não deixam nenhum rastro de seu comportamento sobre o resto do universo enquanto não ocorre uma medição".[4] Poder-se-ia afirmar a mesma coisa dos sistemas que a mecânica clássica descreve em termos de trajetórias!

Niels Bohr afirmou muitas vezes que, para avançarmos nestas difíceis questões, precisamos de uma ideia "louca". Werner Heisenberg gostava de fazer a pergunta: "Qual é a diferença entre um pintor abstrato e um bom teórico da física?" Respondia que um pintor abstrato tentava ser tão original quanto possível, ao passo que um bom teórico deveria ser tão conservador quanto possível. Tentei conformar-me ao conselho de Heisenberg. A linha de pensamento seguida neste livro é certamente menos

---

3 BOHR, N. *Atomic Physics and Human Knowledge*. New York: Wiley, 1958.
4 RAE, A. *Quantum Physics: Illusion or Reality*, op. cit.

radical do que muitas outras propostas que visam a resolver o paradoxo do tempo ou o paradoxo quântico. A tese mais "louca" que propusemos, e que, curiosamente, parecerá, sem dúvida, de fato, a mais dificilmente aceitável aos defensores de ideias muito mais "revolucionárias", é o fato de termos dado à trajetória uma definição em termos de conjuntos, ou seja, de a termos definido como o resultado de uma superposição de ondas planas, em vez de considerá-la como um conceito primeiro. A significação das ressonâncias de Poincaré pode, então, ser formulada de maneira simples: elas destroem a coerência dessas superposições, o que leva a uma descrição estatística irredutível à noção de trajetória. Uma vez aceito isso, a generalização para as situações quânticas é imediata. Um ponto divertido é que seguimos, de fato, o caminho inverso! A ideia de uma generalização da mecânica clássica durante muito tempo nos pareceu impensável!

II

Fizemos múltiplas referências ao limite termodinâmico, ou seja, às situações em que consideramos que o número de partículas N e o volume V tendem ao infinito, ao passo que a concentração N/V permanece de valor finito. Como observamos no capítulo 5, seção II, não há sistemas com um número infinito de partículas, mas a significação do limite termodinâmico é que, quando N se torna suficientemente grande, termos em $1/N$ podem ser desdenhados. É o caso dos sistemas termodinâmicos em que N é tipicamente da ordem de 10^{23}, isto é, da ordem do número de Avogadro. Também ressaltamos que o limite termodinâmico não é uma mera aproximação, introduzida para facilitar os cálculos. Ele desempenha um papel crucial na articulação entre a descrição microscópica, que utiliza as leis dinâmicas na base da mecânica estatística, e as propriedades macroscópicas que distinguem, por exemplo, os estados da matéria, e as situações próximas ou distantes do equilíbrio. No âmbito da descrição macroscópica, temos interações persistentes que desempenham um papel central na teoria dinâmica apresentada nos capítulos 5 e 6. O próprio universo, considerado como um todo, é um sistema termodinâmico altamente heterogêneo e distante do equilíbrio.

Para dar um significado dinâmico a esse afastamento do equilíbrio, temos de incorporar, como sublinhamos, a instabilidade ao nível dinâmico. Mas esse afastamento é também uma condição de nosso diálogo com a natureza. É o fluxo de energia que provém das reações nucleares no interior do Sol que mantém nosso ecossistema longe do equilíbrio e que, portanto, permitiu que a vida se desenvolvesse na Terra. O afastamento do equilíbrio leva a comportamentos coletivos, a um regime de atividade coerente impossível no equilíbrio. Podemos até recordar a diferença maior entre as situações hidrodinâmicas, como as células de Bénard, e as reações químicas, diferença que frisamos em *Entre o tempo e a eternidade*. No primeiro caso, o fluxo coletivo das moléculas provocado pela difusão de calor desaparece quando paramos de aquecer, e o sistema readquire uma agitação térmica desordenada. No segundo, a irreversibilidade pode levar à formação de moléculas que não poderiam ter sido sintetizadas em condições próximas do equilíbrio e podem ter um caráter mais permanente. Neste caso, a irreversibilidade inscreve-se na matéria. Simulações em computador mostraram que, de fato, moléculas do tipo "biomoléculas" podiam ser produzidas.[5] No capítulo seguinte, iremos ainda mais longe e veremos que a própria matéria é, em certo sentido, o resultado de processos irreversíveis!

Entramos, aqui, na cosmologia. Antes de fazê-lo, apresentemos algumas observações suplementares sobre o papel do tempo em nosso diálogo com a natureza. A física relativista, sem dúvida, trouxe elementos novos. Na física não relativista, tanto clássica

---

5 Vide NICOLIS, G., PRIGOGINE, I. *Exploring Complexity*, op. cit., 1989.

quanto quântica, o tempo é universal, mas o fluxo do tempo, associado aos processos irreversíveis, não o é. Como veremos, um relógio entrópico, que registra a produção de entropia, difere de um relógio mecânico.

III

Tomemos primeiramente um exemplo químico. Partamos de duas amostras idênticas de uma mistura de dois gases, digamos o monóxido de carbono CO e o oxigênio O_2. Existe uma reação química entre eles que produz o dióxido de carbono, CO_2. Essa reação é catalisada pelas superfícies metálicas. Numa das amostras, introduzimos esse catalisador, na outra, não. Se compararmos as duas amostras depois de um dado tempo, suas respectivas composições serão diferentes. A entropia produzida na amostra munida de uma superfície catalítica terá sido muito maior, pois essa produção se deve à reação química. Se associarmos a produção de entropia ao fluxo do tempo, este terá sido diferente nas duas amostras. Esta conclusão está de acordo com nossa descrição dinâmica. O fluxo do tempo enraíza-se nas ressonâncias de Poincaré, que dependem do hamiltoniano, ou seja, da dinâmica.

Tomemos um outro caso, que vai constituir uma espécie de análogo não relativista do paradoxo dos gêmeos da relatividade, sobre o qual voltaremos a falar no próximo capítulo. A gravitação faz parte do hamiltoniano de um sistema dinâmico. Uma mudança do efeito de gravitação modificará, portanto, as ressonâncias. Suponhamos que enviemos dois gêmeos (considerados simplesmente como GSPs) ao espaço. Antes de voltar à Terra, um atravessa um campo gravitacional e o outro, não. A entropia produzida em consequência das ressonâncias de Poincaré será diferente nos dois casos. Nossos gêmeos voltarão com idades diferentes. A conclusão essencial é que, *mesmo num universo newtoniano, o* fluxo do tempo não é único. Como já repetimos muitas vezes, a irreversibilidade traduz a passagem de uma descrição dinâmica de grupo, onde o passado e o futuro desempenham o mesmo papel, a uma descrição em termos de semigrupos, que explicita a flecha do tempo. A distinção é universal, mas o tempo entrópico que dela se origina não acompanha o de nossos relógios.

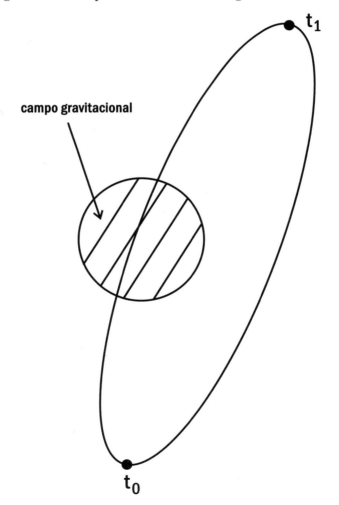

FIGURA 7.1 – Efeito de um campo gravitacional sobre o fluxo do tempo.

Evidentemente, podemos introduzir um tempo entrópico médio para o conjunto do universo, mas ele não tem muita significação, dada a heterogeneidade da natureza. Os processos geológicos irreversíveis têm escalas de tempo diferentes das dos processos biológicos. E, como frisou Stephen J. Gould no número especial da *Scientific American* dedicado à vida no universo, há uma grande diversidade de escalas de tempo na evolução biológica. As bactérias foram os únicos seres vivos durante a maior parte da história da vida terrestre. Foi durante a explosão do Pré-cambriano que uma multidão de novas formas vivas apareceu e conheceu evoluções espetaculares, às vezes em escalas de tempo curtas.

Gostaria, para concluir este capítulo, de citar a definição dada por Gould ao caráter histórico da vida:

> Para compreendermos os eventos e as regularidades que caracterizam o caminho da vida, temos de ir além dos princípios da teoria da evolução, na direção de um exame paleontológico do aspecto contingente da história da vida em nosso planeta, única versão atualizada dentre as milhões de alternativas plausíveis que calhou de não acontecerem. Uma tal concepção da história da vida é totalmente contrária aos modelos deterministas habituais da ciência ocidental, mas também às tradições sociais e às esperanças psicológicas mais profundas da cultura ocidental, as esperanças de uma história que culmina nos humanos, enquanto expressão mais alta da vida e seres destinados a dominar o planeta.[6]

As contradições sublinhadas por Gould com os modelos deterministas da ciência não existem mais. Muito pelo contrário, encontramos uma profunda convergência entre a necessidade de "ir além" dos princípios da teoria da evolução de Darwin e os horizontes que se abrem "para além" da mera formulação do segundo princípio, tal como foi enunciado no século XIX acerca das evoluções rumo ao equilíbrio termodinâmico. A irreversibi-

---

6 *Scientific American*, v.CCLXXI, p.84, outubro de 1994.

lidade, e portanto o fluxo do tempo, enraíza-se doravante nas leis da dinâmica, mas não traduz uma norma universal à qual a diversidade dos fenômenos devesse estar submetida. Vemos, pelo contrário, essa irreversibilidade amplificar-se no nível macroscópico, depois no nível da vida, enfim através da atividade humana. A história que levou às transições de um nível ao outro é hoje ainda amplamente desconhecida, mas pelo menos chegamos a uma concepção da natureza não contraditória, arraigada na instabilidade dinâmica.

Mas por que um futuro comum? Por que a flecha do tempo aponta sempre na mesma direção? Não quer dizer isto que nosso universo constitui um todo? Que ele possui uma origem comum que já implica a quebra da simetria temporal? Chegamos aqui ao problema central da cosmologia. Ele só pode ser discutido no quadro da relatividade, pois é inseparável do da gravitação. É para estas questões que nos voltaremos agora.

CAPÍTULO 8

O TEMPO PRECEDE
A EXISTÊNCIA?

I

Há alguns anos, sem dúvida por volta de 1985, apresentei uma comunicação à Universidade Lomonosoff, em Moscou. O professor Ivanenko, um dos físicos russos mais respeitados, morto recentemente aos 90 anos de idade, pediu-me que escrevesse na parede uma curta frase. Ele já tinha um grande número de frases escritas por cientistas célebres, como Dirac e Bohr. Acho que me lembro da frase escolhida por Dirac; era, substancialmente, a seguinte: "a beleza e a verdade vão de par na física teórica". Eu hesitei e depois escrevi: "O tempo precede a existência." Para muitos físicos, aceitar a teoria do *big bang* como origem de nosso universo equivalia a aceitar que o tempo deve ter um ponto de partida. Haveria um começo, e talvez um fim, do tempo. Mas como conceber esse começo? Acho mais natural supor que o nascimento de nosso universo é um evento na história do cosmos e que devemos, pois, atribuir a este um tempo que precede o próprio nascimento de nosso universo. Esse nascimento poderia ser semelhante a uma mudança de fase que leva de um pré-universo (também chamado "vácuo quântico" ou "metauniverso") ao universo observável que nos rodeia. Entramos aqui num terreno controvertido da física moderna.[1]

A cosmologia contemporânea está intimamente ligada à relatividade geral de Einstein. Como veremos, essa teoria levou, de acordo com a observação, à ideia de um universo em expansão. Esta ideia é um elemento essencial do modelo *standard*, que hoje domina a disciplina. Segundo esse modelo, se voltarmos no tempo, chegaremos a uma singularidade, um ponto que contém a totalidade da energia e da matéria do universo. Ele associa, pois, a origem do universo a uma singularidade. Mas não nos permite descrever essa singularidade, pois as leis da física não podem ser aplicadas a um ponto que concentre uma densidade infinita de matéria e de energia. Não é de espantar que John Wheeler tenha dito que o *big bang* constitui "a maior das crises da física".[2] Em seu recente livro, *About Time – Einstein's Unfinished Revolution*,[3] escreve Paul Davies:

> Quando os cientistas começaram a explorar as implicações do tempo definido por Einstein para o universo em seu conjunto, eles fizeram uma das descobertas mais importantes da história do pensamento humano: que o tempo e, portanto, a totalidade da realidade física deviam ter uma origem definida no passado ... pode haver um começo e um fim do tempo. Hoje, a origem do tempo é chamada *big bang*. Os crentes referem-se a ele sob o nome de "criação".

O *big bang*, portanto, suscitou reações muito diferentes. Davies considera que a ideia de uma origem absoluta é a descoberta mais importante da história humana, mas outros procuraram eliminar inteiramente o *big bang* (vide a teoria do estado

---

1 Este capítulo retoma certos traços do capítulo VII de *Entre o tempo e a eternidade*, necessários à coerência da exposição, mas conduz a perspectivas novas e mais radicais.
2 Apud PAGELS, H. *Perfect Symmetry*. New York: Bantam Books, 1986, p.165.
3 DAVIES, P. *About Time*. London: Viking, 1995.

O FIM DAS CERTEZAS

estacionário na seção III) ou reduzi-lo a uma espécie de ilusão oriunda do uso incorreto do conceito de tempo (vide o tempo imaginário de Hawking, seção II).

Tem o tempo uma origem definida, como afirma Davies, ou é eterno? Não podemos pretender possuir a resposta final, mas nossa formulação das leis da natureza, em termos de possibilidades e não de certezas, pode contribuir para tanto. Nossa pesquisa seguirá, pois, um caminho diferente das que acabamos de citar. Consideramos o *big bang* como o processo irreversível *por excelência*. A irreversibilidade resultaria da instabilidade do pré-universo, instabilidade induzida pelas interações entre a gravitação e a matéria. Nesta perspectiva, nosso universo teria nascido sob o signo da instabilidade. E noções como a de auto-organização, cuja importância recordamos no capítulo 2, poderiam aplicar-se igualmente aos primeiros estádios do universo. Afinal, nesses primeiros estádios, o universo era como uma criancinha: ele ou ela poderia tornar-se pianista ou advogado, mas não os dois ao mesmo tempo.

É evidente que atingimos aqui os limites do conhecimento positivo, em perigosa proximidade da ficção científica. Mas na medida em que estes problemas são hoje discutidos não só na literatura especializada, mas também em livros dirigidos ao grande público, julguei que não seria deslocado abordá-los neste livro. No entanto, minha intenção não é dar uma descrição geral da cosmologia. Não falarei da inflação nem das supercordas. Seguirei o fio condutor deste livro: o papel do tempo e da quebra da simetria entre passado e futuro, tomado desta vez no contexto cosmológico.

Como dissemos, é impossível discutir hoje sobre cosmologia sem recorrer à teoria da relatividade, "a mais bela das teorias físicas" segundo o famoso manual de Landau e Lifschitz.[4]

Na física newtoniana, mesmo ampliada pela física quântica, o espaço e o tempo eram dados de uma vez por todas. Havia, além

---

4 LANDAU, L. D., LIFSCHITZ, E. M. *The Classical Theory of Fields*. London, Paris: Pergamon Press, 1959.

disso, um tempo universal comum a todos os observadores. Na relatividade, este não é mais o caso. O espaço e o tempo tomam parte da ação. Quais são as consequências dessa transformação, para o nosso problema? Em seu livro *About Time*, Paul Davies comenta assim o impacto da relatividade: "A própria divisão do tempo entre passado, presente e futuro parece carente de significado físico". Repete a famosa frase de H. Minkowski: "E, portanto, o espaço em si mesmo e o tempo em si mesmo estão condenados a se desvanecer como meros fantasmas...". Veremos que, muito pelo contrário, a relatividade não questiona de forma alguma a distinção entre passado e futuro, essa flecha do tempo que diferencia este último do espaço.

Já falamos da convicção de Einstein de que, "para nós outros, físicos decididos, a distinção entre passado, presente e futuro não passa de uma ilusão, embora tenaz".[5] Contudo, no fim de sua vida, Einstein parece ter mudado de opinião. Em 1949, um volume de ensaios foi-lhe dedicado, entre os quais um ensaio do grande matemático K. Gödel.[6] Este último tomara ao pé da letra a afirmação de Einstein de que o tempo irreversível não passa de uma ilusão. Propunha-lhe um modelo cosmológico em que era possível viajar para seu próprio passado. Einstein não ficou convencido. Na resposta aos ensaios que conclui o volume, reconhece que era incapaz de crer que possamos "telegrafar para nosso passado". Acrescentou até que esta impossibilidade deveria levar os físicos a reconsiderar o problema da irreversibilidade. É precisamente isto que tentamos fazer.

Vamos, em primeiro lugar, sublinhar que a revolução associada à relatividade não afeta as nossas conclusões anteriores. A irreversibilidade, o fluxo do tempo, conserva sua significação na cosmologia relativista. Poder-se-ia até sustentar que a irrever-

---

5 *Correspondance Albert Einstein – Michele Besso 1903-1955*. Paris: Hermann, 1972.

6 *Albert Einstein: Philosopher-Scientist*, SCHLIPP, P. A. (Ed.) Evanston, Illinois: Library of Living Philosophers, 1949.

O FIM DAS CERTEZAS

sibilidade desempenha um papel tanto mais importante quanto mais altas são as energias para as quais caminhamos, isto é, para os primeiros momentos do universo. Alguns especialistas, e principalmente Stephen Hawking, sugeriram que, no universo dos primeiros instantes após o *big bang*, o espaço e o tempo perdem sua distinção, tornando-se o tempo plenamente espacializado. Mas ninguém, que eu saiba, propôs um mecanismo físico pelo qual o espaço e o tempo pudessem emergir distintos de uma "espuma espaçotemporal".

Achamos, pelo contrário, que os processos irreversíveis associados às instabilidades dinâmicas desempenharam um papel decisivo desde o nascimento de nosso universo. Nesta perspectiva, o tempo é eterno. Temos uma idade, nossa civilização tem uma idade, nosso universo tem uma idade, mas o tempo, por seu lado, não tem nem começo nem fim. Chegamos, de fato, a uma tese que reúne certos elementos das duas concepções tradicionais na cosmologia, a teoria do estado estacionário de Bondi, Gold e Hoyle[7] (vide seção III) e o modelo *standard* do *big bang*. A primeira seria aplicável ao pré-universo, esse meio instável que gerou nosso universo, ao passo que o segundo se aplicaria de maneira específica ao nosso universo.

Repitamos que esta hipótese implica elementos especulativos, aliás, inevitáveis na cosmologia. Mas acho interessante que concepções cosmológicas que se valem do papel do tempo e da irreversibilidade possam ser formuladas de maneira mais precisa do que era o caso antes. A verdade última está, contudo, ainda muito distante e estou perfeitamente de acordo com o cosmólogo indiano J. Narlikar quando ele escreve: "Os astrofísicos de hoje, que pensam que o 'problema cosmológico último' foi mais ou menos resolvido, poderiam muito bem ter algumas surpresas antes do fim do século".[8]

---

7 Vide BONDI, H. *Cosmology*. Cambridge: Cambridge University Press, 1960.
8 NARLIKAR, J. V., PADMANABTAN, T. *Gravity, Gauge Theory and Quantum Cosmology*. Dordrecht: Reidel, 1986.

Comecemos pela relatividade restrita. Ela associa a descrição da natureza com observadores inerciais, ou seja, que se deslocam com velocidades uniformes. Na física pré-relativista, galileana, admitia-se que tais observadores mediriam todos a mesma distância entre dois pontos, $l_{12}{}^2 = (x_2 - x_1)^2 + (y_2 - y_1)^2 + (z_2 - z_1)^2$, e entre dois instantes $(t_2 - t_1)^2$. A distância espacial é, então, definida pela geometria euclidiana. Einstein mostrou que isso levaria os diferentes observadores a atribuir diferentes valores à velocidade da luz no vácuo, c. Se, de acordo com a experiência, admitimos que todos os observadores medem o mesmo valor dessa velocidade, devemos introduzir um intervalo espaçotemporal $s_{12}{}^2 = c^2 (t_2 - t_1)^2 - l^2{}_{12}$. Este intervalo é que é conservado quando passamos de um observador ao outro. Em contraste com a geometria euclidiana, temos agora um intervalo espaçotemporal minkowskiano. A transição de um sistema de coordenadas x, y, z, t a outro x', y', z', t' é definida pela célebre transformação de Lorentz, que combina o espaço e o tempo. No entanto, em nenhum lugar a distinção entre o espaço e o tempo se perde, pois ela é expressa pela diferença de sinal na definição do intervalo minkowskiano, aparecendo o tempo com o sinal $+$ e o espaço com o sinal $-$.

A nova situação é frequentemente ilustrada com o auxílio do diagrama espaçotemporal de Minkowski da Figura 8.1. Um eixo representa o tempo t, o outro uma coordenada geométrica x. Na relatividade, a velocidade da luz no vácuo c é a velocidade máxima à qual podem ser transmitidos sinais. Podemos, pois, distinguir diferentes regiões no diagrama. O observador está situado em O. Seu futuro está incluído no cone BOA e seu passado, no cone $A'OB'$. Esses cones são determinados pela velocidade da luz c. No interior do cone, as velocidades são menores do que c, no exterior elas seriam maiores: essas regiões são, portanto, excluídas.

No diagrama da Figura 8.1, o evento C e o evento O são simultâneos, ao passo que D precede O. Mas esta situação é puramente convencional, pois uma transformação de Lorentz (que corresponde ao ponto de vista de um outro observador) faria girarem os eixos t, x: D e O poderiam, então, aparecer como simultâneos e C como posterior a O. A simultaneidade é modificada pela transformação de Lorentz, mas o cone de luz *não o é*. A direção do tempo é invariante. Jamais dois observadores pensarão, um, que o evento C precede o evento O, o outro, que é o evento O que precede o evento C.

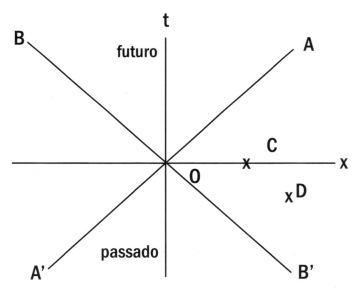

FIGURA 8.1 – Distinção entre o passado e o futuro na relatividade restrita.

A questão de saber se as leis da natureza são ou não simétricas em relação ao tempo permanece essencialmente a mesma, na relatividade. Ela se torna até mesmo mais pertinente. De fato, no diagrama da Figura 8.1, O conhece no melhor dos casos todos os eventos que ocorreram em *seu* passado, ou seja, no cone A'OB'. Os efeitos dos eventos C ou D só o atingirão mais tarde, nos tempos t_1 e t_2 (vide Figura 8.2), ainda que esses efeitos se propaguem com a velocidade da luz. Os dados que

O pode obter são, por conseguinte, limitados. Um observador relativista dispõe apenas, portanto, por definição, de uma janela finita para o mundo exterior. Uma analogia divertida com o caos determinista foi, aliás, proposta por B. Misra e I. Antoniou,[9] que mostra que uma descrição determinista corresponde aqui também a uma idealização excessiva. Esta é mais uma razão de passar a uma descrição estatística. Com efeito, no caos determinista, para falar de trajetória, seria preciso conhecer, como vimos, a condição inicial com uma precisão infinita. No caso relativista, seria preciso estender a janela correspondente às condições iniciais por todo o comprimento infinito do eixo x da Figura 8.2, para fazer uma predição determinista válida para todo o futuro.

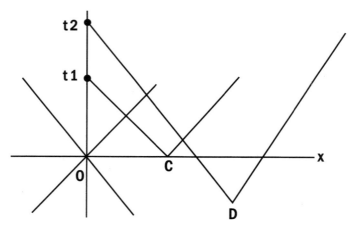

FIGURA 8.2 – Os eventos em C e em D alcançam O em instantes posteriores t_1 e t_2.

Um dos efeitos mais interessantes da relatividade é a dilatação do tempo demonstrada por Einstein (seria historicamente mais correto associar a esta dilatação os nomes de Lorentz e de Poincaré). Consideremos dois observadores inerciais O e O',

---

9 ANTONIOU, I. A., MISRA, B. *Int. J. of Theoretical Physics*, v.31, p.119, 1992.

munidos cada um de um relógio e que se deslocam com uma velocidade relativa constante v. Se consideramos que o observador O está em repouso e que o observador O' está em movimento, a consequência da transformação de Lorentz é que ao intervalo de tempo t_0 medido por O' corresponde um intervalo de tempo maior, $t = t_0/(1 - v^2/c^2)^{1/2}$, para o observador O. A dilatação do tempo foi verificada graças à utilização de partículas instáveis. Seu tempo de vida avaliado da Terra (observador O), enquanto elas próprias estão em movimento no espaço, depende de seu trajeto, como prediz a relatividade.

Evidentemente, a relação prevista pelo efeito Einstein é simétrica. Poderíamos igualmente considerar que O' está em repouso e que O se move com uma velocidade relativa $-v$. Há, portanto, uma lei de escala entre os tempos medidos pelos dois observadores que correspondem ao fator de dilatação $(1 - v^2/c^2)^{1/2}$. Esta é, como veremos, a única mudança que a relatividade restrita introduz na teoria que apresentamos nos capítulos 5 e 6. Mas, antes de mostrá-lo, detenhamo-nos por um instante num problema famoso, mas com frequência mal formulado, o paradoxo dos gêmeos.

Este paradoxo põe em cena dois gêmeos, dos quais um permanece em terra, digamos no ponto $x = 0$, ao passo que o outro voa a bordo de uma nave espacial em movimento uniforme. Essa nave muda de direção no instante t_0 (medido nas coordenadas em relação ao qual o gêmeo que permaneceu em terra está em repouso) e volta a $2t_0$. O intervalo de tempo medido pelo gêmeo em movimento será de novo superior a $2t_0$. No capítulo 7, sublinhamos que o fluxo do tempo depende da história, ao passo que o tempo newtoniano é universal, independente da história. Aqui, o tempo se torna também ele dependente da história. No entanto, V. Fock ressaltou em seu livro fundamental *The Theory of Space, Time and Gravitation*[10] que é preciso ser muito prudente

---

10 FOCK, V. *The Theory of Space, Time and Gravitation*. New York: Pergamon Press, 1959.

quando se discute o paradoxo dos gêmeos. Com efeito, aí se desdenha o efeito da aceleração da nave espacial, quando ela muda de direção, sobre o relógio a bordo. Fock até mostrou que um modelo mais detalhado, em que a aceleração é devida ao campo gravitacional, em conformidade com a relatividade geral, leva a resultados diferentes. O sinal da dilatação do tempo pode até ser mudado. Seriam necessárias novas e fascinantes experiências para verificar estas predições.

Em sua *Breve história do tempo*, Stephen Hawking introduz um tempo imaginário $\tau = it$. As quatro dimensões que aparecem no intervalo espaçotemporal são, então, espacializadas. Segundo Hawking, o tempo imaginário poderia ser o tempo real, pois a fórmula que dá o intervalo de Lorentz se torna simétrica. De fato, os sinais dos coeficientes tempo e espaço são, então, os mesmos no intervalo espaçotemporal de Minkowski. Estaríamos diante de um universo puramente geométrico. O projeto de Hawking é, mais uma vez, negar a realidade do tempo e descrever o universo como uma estrutura eterna.

Voltemos, agora, ao ponto central de nosso livro e consideremos o efeito da relatividade sobre sistemas descritos pela dinâmica hamiltoniana clássica ou pela mecânica quântica. Paul Dirac[11] e outros depois dele[12] mostraram como combinar as exigências da relatividade restrita e da descrição hamiltoniana. A relatividade prescreve que as leis da física devem permanecer as mesmas em todos os sistemas inerciais. Nos capítulos 5 e 6, supusemos de maneira implícita que os sistemas em seu conjunto estavam em repouso. Segundo a relatividade, é preciso que a mesma descrição permaneça válida, que o sistema em seu conjunto se desloque ou não com uma velocidade uniforme. Vimos que as ressonâncias de Poincaré são suscetíveis de destruir o grupo dinâmico em que o

---

11 DIRAC, P. A. M. *Rev. Mod. Phys.*, v.XXI, p.392, 1949.
12 Vide especialmente CURRIE, D. J., JORDAN, T. F., SUDARSHAN, E. C. G. *Rev. Mod. Phys.*, v.35, p.350, 1962; BALESCU, R., KOTERA, T. *Physica*, v.33, p.558, 1967; e BEN YA'ACOV, U. em Physica. (No prelo).

passado e o futuro desempenham o mesmo papel, isto é, de transformá-lo em semigrupo em que a simetria do tempo é quebrada. Esta quebra de simetria permanece válida em todos os sistemas de referência inerciais. Para ser mais preciso, consideremos dois sistemas hamiltonianos. Um é descrito num sistema de coordenadas em relação ao qual seu centro de gravidade está em repouso (sistema em comovimento), o outro num sistema de coordenadas em relação ao qual o centro de gravidade se move com uma velocidade v.[13] A situação é semelhante àquela representada na Figura 8.3. Os intervalos de tempo no sistema em comovimento são divididos por $(1 - v^2/c^2)^{1/2}$ em relação aos intervalos de tempo correspondentes no sistema em movimento. Todos os efeitos previstos por nossa teoria, como a quebra de simetria temporal, descrição probabilista irredutível etc., são conservados.

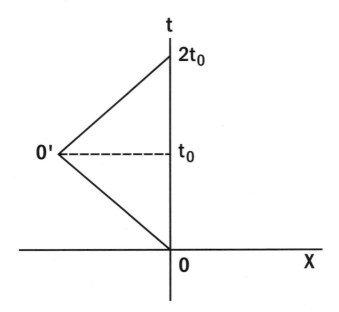

FIGURA 8.3 – O paradoxo dos gêmeos. O observador O' está em movimento em relação ao observador O.

---

13 Simplificamos um pouco; vide o artigo original de U. Ben Ya'acov.

No entanto, novos efeitos resultantes da relatividade podem ser igualmente incorporados na descrição. As interações não são mais instantâneas. As interações entre partículas carregadas são transmitidas por fótons e se propagam, portanto, na velocidade da luz. Há, como antes, ressonâncias de Poincaré, mas desta vez entre as partículas e o campo. Isso leva a processos irreversíveis suplementares, como a freagem do movimento por radiação, que resulta da emissão dos fótons pelas partículas.

Até agora, consideramos o intervalo espaçotemporal de Minkowski, que corresponde à relatividade restrita. A fim de introduzir o problema cosmológico, temos de incluir a gravitação, o que requer uma generalização da noção de intervalo espaçotemporal.

II

Voltemos, primeiramente, à questão do *big bang*. Como mencionamos, se seguimos o universo em expansão voltando no tempo, chegamos a uma singularidade: a densidade, a temperatura e a curvatura tornam-se infinitas. A partir da velocidade de recessão das galáxias observada hoje em dia, podemos estimar que esse evento – o nascimento de nosso universo – ocorreu há cerca de 15 bilhões de anos.

O período de tempo que nos separa do *big bang* é de uma brevidade surpreendente. Exprimi-lo em anos significa que tomamos como relógio a rotação da Terra ao redor do Sol. Girar 15 bilhões de vezes é bem pouca coisa, se nos lembrarmos de que, no átomo de hidrogênio, o elétron gira, por assim dizer, cerca de 10 trilhões de vezes por segundo!

Seja qual for a escala de tempo, a existência de um evento primordial na origem do universo é certamente um dos resultados mais inesperados que a ciência já produziu. Mas este resultado levanta grandes problemas. A física só pode tratar de classes de fenômenos. Ora, o *big bang* não parece pertencer a uma classe de eventos. Ele se mostra, à primeira vista, como um evento único, correspondente a uma singularidade que não tem análogo em nada na física.

Como vimos com Paul Davies, essa singularidade única, e as associações que ela suscita com o tema bíblico da criação, muitas vezes fascinam o público e os pesquisadores. Não é este o melhor indício do fato de que a física ultrapassou a fronteira das ciências positivas para ter acesso às questões metafísicas e religiosas? Mas o *big bang* suscitou igualmente uma rejeição da parte de outros físicos. Já citamos a teoria do estado estacionário, da autoria de Bondi, Gold e Hoyle. Essa teoria responde às exigências de um princípio cosmológico *perfeito*, que exclui que possamos atribuir uma origem ao universo. Segundo esse princípio, de fato, qualquer observador, no passado e no futuro, deve poder atribuir ao universo os mesmos valores de temperatura e de densidade de matéria e de energia. Como o universo do modelo *standard*, o universo estacionário está em expansão, mas essa expansão exponencial é compensada por uma permanente criação de matéria. A sincronização entre a expansão e a criação mantém uma densidade constante da matéria-energia e satisfaz, portanto, o princípio cosmológico perfeito. A imagem de um universo eterno e sem idade é restaurada, mas é um universo em perpétua criação.

Apesar de seu caráter sedutor, o modelo do universo estacionário leva a dificuldades. A manutenção do estado estacionário necessita especialmente de condições muito estritas que garantam a sincronicidade perfeita entre a evolução cosmológica (a expansão do universo) e os eventos microscópicos (a criação de matéria). Como explicar essa sincronicidade? Enquanto nenhum mecanismo é proposto para realizá-la, a hipótese de uma compensação entre expansão e criação é muito contestável.

Mas o que levou a maioria dos físicos a renunciar ao modelo do universo estacionário para adotar o modelo do *big bang*, desde então apelidado de "modelo *standard*", foi uma descoberta experimental. Foi a descoberta feita por Penzias e Wilson, em 1965, da agora famosa radiação fóssil a 2,7°K.[14]

A existência dessa radiação fora predita já em 1948 por Alpher e Herman, que mostraram que ela era uma consequência do *big bang*. Se o universo em seus primeiros instantes foi extraordinariamente denso e quente, ele deve ter sido opaco, pois os fótons deviam ter bastante energia para interagirem com a matéria e não se propagavam, pois, livremente. Ora, pode-se mostrar que esse equilíbrio entre matéria e luz é destruído por volta de 3.000°K. A luz, então, se destaca da matéria e forma uma radiação de corpo negro, ou radiação térmica, caracterizada unicamente por sua temperatura. Quando atingiu essa temperatura, o universo deve, então, ter-se tornado *transparente*. A partir desse momento, a única transformação que os fótons que formam a radiação térmica podem ter sofrido é uma mudança de comprimento de onda. Este aumenta com o tamanho do universo, o que significa que a temperatura da radiação diminui. Alpher e Herman predisseram, portanto, que se o equilíbrio entre fótons e matéria foi efetivamente destruído num universo a 3.000°K (ou seja, cerca de 300 mil anos depois da origem) e os fótons formaram então uma radiação de corpo negro a 3.000°K, então a temperatura dessa radiação deveria ser hoje de cerca de 3°K. Era uma predição totalmente notável, que antecipou uma das maiores descobertas experimentais do século.

O modelo *standard* está no centro da cosmologia contemporânea. Admite-se, em geral, que ele permite uma descrição correta do universo até um segundo após a singularidade do *big bang*. Mas a descrição do universo durante esse primeiro segundo continua sendo uma questão aberta.

Por que existe algo antes do nada? Esta é, aparentemente, uma questão especulativa, para sempre estranha ao conhecimento positivo. E no entanto esta pergunta pode ser formulada em ter-

---

14 Vide a excelente narrativa feita por Stephen Weinberg deste episódio em *Les trois premières minutes de l'univers*. Paris: Seuil, 1978.

mos físicos e, como veremos, ela está então ligada ao problema da instabilidade e do tempo. Esta nova abordagem da questão do nascimento de nosso universo tem sua origem numa ideia apresentada por Edward Tryon,[15] mas que parece datar de Pascual Jordan. É a ideia do "almoço grátis" (*free lunch*). Segundo esta ideia, podemos caracterizar nosso universo por duas formas de energia, uma ligada às forças de atração gravitacional, que poderia aparecer com um sinal negativo, ao passo que a outra, ligada à matéria pela famosa fórmula de Einstein, $E = mc^2$, tem sinal positivo. Não é tentador, então, supor que a energia total do universo poderia ser nula, como é nula a energia de um universo vazio? E, neste caso, não poderíamos aventar a hipótese de uma criação de matéria a partir do vácuo? Uma tal criação conservaria a energia. Ela poderia, propunha Tryon, ser associada às flutuações do vácuo.

Esta hipótese é muito sedutora. A produção de estruturas de não equilíbrio (como as células de Bénard ou as oscilações químicas) corresponde também ela a um *free lunch*. A energia é conservada. O preço das estruturas de não equilíbrio é pago em entropia, não em energia. A ideia do almoço grátis é, portanto, um ponto de partida interessante. É possível precisar a origem da energia gravitacional negativa e os mecanismos de sua transformação em energia positiva ligada à matéria? São estas as questões para as quais nos voltamos agora.

III

A ideia fundadora de Einstein consistiu em associar a gravitação à curvatura do espaço-tempo. No âmbito da relatividade restrita, como vimos, o intervalo espaçotemporal de Minkowski é $ds^2 = c^2\, dt^2 - dl^2$ para dois eventos suficientemente próximos

---

15 TRYON, E. P. *Nature*, CCXLVI, p.396, 1973.

$((l_2 - l_1)^2$ torna-se então $dl^2)$. Na relatividade geral, o intervalo espaçotemporal é escrito $ds^2 = g_{\mu\nu} \, dx_\mu \, dx_\nu$, onde μ e ν assumem quatro valores: 0 (para o tempo) e $1, 2, 3$ (para o espaço) e se soma sobre os índices μ e ν. Como $g_{\mu\nu} = g_{\nu\mu}$, obtemos dez funções $g_{\mu\nu}$ distintas que caracterizam a geometria espaçotemporal. Esta geometria é chamada "riemanniana", e o exemplo simples que no mais das vezes a ilustra é a superfície esférica considerada como um espaço curvo de duas dimensões.

Revela-se aqui o alcance da revolução relativista. No quadro newtoniano, o espaço-tempo era dado de uma vez por todas, independentemente de seu conteúdo material. A métrica do espaço-tempo tal como a descrevem as funções $g_{\mu\nu}$ está agora ligada ao conteúdo material do universo. De maneira mais precisa, essa ligação se traduz pelas equações de campo de Einstein, que unem dois tipos distintos de objeto: um dos dois termos da equação descreve a curvatura do espaço-tempo em termos dos $g_{\mu\nu}$ e de suas derivadas em relação ao espaço e ao tempo; o segundo define o conteúdo material em termos de densidade e de pressão da matéria-energia. O conteúdo material é a fonte da curvatura do espaço-tempo. Já em 1917, Einstein aplicou sua equação ao universo considerado como uma totalidade. Foi este o ponto de partida da cosmologia moderna. De acordo com suas convicções filosóficas, o universo construído por Einstein era um universo estático, atemporal, um universo correspondente à mente de Espinosa, seu filósofo favorito.

Foi então que aconteceu uma série de surpresas que constitui um exemplo notável de diálogo entre o homem e a natureza. A. Friedmann e G. Lemaître demonstraram que o universo de Einstein era instável. A menor flutuação o destruiria. As soluções estáveis para as equações de Einstein correspondiam, na realidade, a um universo em expansão ou em contração. Do lado experimental, Hubble e seus colaboradores descobriram o afastamento na direção do vermelho da luz emitida pelas galáxias: as galáxias afastam-se umas das outras, e nosso universo está, portanto, em expansão. Por fim, em 1965, veio a descoberta, que já mencionamos, da radiação residual de corpo negro. Foi assim que se estabeleceu o modelo cosmológico *standard* da física contemporânea.

Para passarmos das equações fundamentais da relatividade geral à cosmologia, precisamos introduzir algumas hipóteses simplificadoras. O modelo *standard*, associado aos nomes de A. Friedmann, G. Lemaître, H. Robertson e A. Walker, fundamenta-se no princípio cosmológico segundo o qual o universo deve ser considerado, em grande escala, como isótropo e homogêneo. A métrica corresponde, então, à definição de um intervalo espaçotemporal de forma muito mais simples, $ds^2 = c^2dt^2 - R(t)\, dl^2$. Este, que é chamado "intervalo de Friedmann", difere do de Minkowski em dois pontos: dl^2 é um elemento espacial que pode corresponder a um espaço de curvatura nula (o espaço de Minkowski) mas também de curvatura positiva (como uma esfera) ou negativa (como uma superfície hiperbólica); $R(t)$, geralmente chamado de "raio" do universo, corresponde ao limite das observações astronômicas (limite imposto pela velocidade da luz) no tempo t. As equações cosmológicas de Einstein ligam $R(t)$ e a curvatura espacial à densidade e à pressão médias de energia e de matéria. Por outro lado, a evolução cosmológica é igualmente definida como conservando a entropia. Consequentemente, as equações de Einstein são reversíveis em relação ao tempo. Voltaremos a este ponto mais tarde.

Como dissemos, o modelo *standard* é geralmente considerado capaz de descrever o que aconteceu em nosso universo a partir de seu primeiro segundo. Trata-se, pois, de um êxito extraordinário. Mas o que aconteceu antes? Como abordar a singularidade, de densidade e curvatura infinitas, à qual leva a extrapolação no tempo? Somos obrigados a aceitar essa singularidade? Para dar uma ideia da escala das grandezas que estão implicadas no problema das primeiras frações de segundo do universo, recorre-se com frequência à chamada escala de Planck, isto é, à escala dos comprimentos, tempo e energia que se obtém utilizando três constantes universais: a constante de Planck h, a constante gravitacional G e a velocidade da luz c. Pode-se derivar daí um comprimento de Planck igual a $(Gh/c^3)^{1/2}$ da ordem de 10^{-33} cm, um tempo de Planck da ordem de 10^{-44} s e uma energia de Planck que corresponde a uma temperatura da ordem de 10^{32} graus. Podemos também definir uma massa de Planck, da ordem de 10^{-5} g, o que é enorme em relação à massa das partículas elementares (o próton tem uma massa da ordem de 10^{-23} g). Pode-se pensar que essas ordens de grandeza correspondem às da primeiríssima época do universo, que é chamada, pois, de "época de Planck". Num universo cuja idade seria da ordem de 10^{-44} s, os efeitos quânticos deveriam desempenhar um papel essencial. É por isso que os primeiros momentos do universo nos põem diante de um problema fundamental da física contemporânea: para que uma descrição dos primeiros momentos do universo seja possível, parece necessário que a gravitação e, por conseguinte, o espaço-tempo, sejam quantizados como o são as interações eletromagnéticas. Este problema está longe de ser resolvido. Mas, como veremos, podemos obter um modelo unificado num caso especial, que revela o papel das ressonâncias de Poincaré e da instabilidade dinâmica. Descrevamos algumas das etapas essenciais que nos levaram a esta solução.

O intervalo espaçotemporal de Friedmann pode ser escrito (tomamos o caso de uma geometria euclidiana de três dimensões) sob a forma $ds^2 = \Omega^2 (dt_c^2 - dl^2)$, isto é, como um intervalo de Minkowski multiplicado pela função Ω^2, que é chamada de "fator conforme", e em que t_c é o "tempo conforme". Este tipo de intervalo espaçotemporal conforme tem propriedades notáveis. Os intervalos conformes conservam, em particular, o cone de luz. Podemos considerá-los o ponto de partida natural de uma cosmologia quântica, pois contêm o universo de Friedmann enquanto caso particular.

O fator conforme é uma função do espaço-tempo e corresponde a um campo, exatamente como o intervalo eletromagnético conduz a um campo. Um campo é um sistema dinâmico caracterizado por um hamiltoniano, ou uma energia, bem definidos. Ora, como Brout e seus colaboradores[16] mostraram, o campo conforme tem uma propriedade notável: corresponde a uma energia *negativa*. Sua energia não é limitada do lado dos valores negativos, pode assumir valores negativos tão grandes quanto se quiser. Em compensação, a energia do campo massivo (*massif*) (correspondente a partículas massivas) é positiva (tenha-se em mente de novo a famosa fórmula de Einstein, $E = mc^2$). Por conseguinte, o campo gravitacional definido pelo fator conforme pode desempenhar o papel de um reservatório de energia negativa do qual seria extraída a energia correspondente à criação de matéria.

Voltamos, pois, à ideia do almoço grátis. A energia total (campo gravitacional + matéria) é conservada, ao passo que a energia gravitacional é transformada em matéria. Brout et al. propuseram um mecanismo para a extração da energia positiva. Introduziram, em adição ao campo conforme, um campo massivo e mostraram que a equação de Einstein leva a um processo cooperativo que, partindo do espaço-tempo de Minkowski (correspondente a uma energia gravitacional e a uma curvatura nulas), acarreta a aparição simultânea de matéria e de curvatura espacial. O modelo mostra que um tal processo cooperativo provoca um crescimento exponencial do raio do universo ao longo do tempo. Este é o chamado período inflatório, também chamado de "universo de de Sitter".

Estas conclusões são muito interessantes. Indicam a possibilidade de um processo *irreversível* que transforma a gravitação em matéria. Também chamam atenção para o pré-universo, que seria aqui o vácuo de Minkowski, ponto de partida das transformações irreversíveis. Sublinhemos que este modelo não descreve uma criação *ex nihilo*. O vácuo quântico já é caracterizado pelas constantes universais, e, por hipótese, podemos atribuir-lhes o mesmo valor que possuem hoje.

---

16 BROUT, R., ENGLERT, F., GUNZIG, E. *Ann. Phys.*, v.115, p.78, 1978 e *Gen. Relativity and Gravitation*, v.10, p.1, 1979; BROUT, R. et al. *Nucl. Phys. B*, v.170, p.228, 1980; GUNZIG, E., NARDONE, P. *Phys. Lett. B*, v.188, p.412, 1981, e *Fundamentals of Cosmic Physics*, v.11, p.311, 1987.

O ponto essencial é que o nascimento de nosso universo não está mais associado a uma singularidade, mas sim a uma instabilidade, com certa analogia com uma transição de fase ou com uma bifurcação.

Todavia, muitos problemas continuam sem solução. Brout et al. recorreram a uma aproximação semiclássica. O campo massivo era quantizado, enquanto o campo conforme, portanto a gravitação, era tratado de maneira clássica. Esta é uma restrição pouco verossímil na "época de Planck", em que os efeitos quânticos desempenham um papel essencial. Por outro lado, Gunzig e Nardone perguntaram-se por que, se o vácuo quântico associado a um espaço-tempo geométrico chato era instável em relação às interações gravitacionais, o processo de criação simultânea de matéria e de curvatura não se produzia de maneira permanente. Mostraram que, na aproximação semiclássica, era necessária uma flutuação inicial para desencadear o processo. Esta primeira etapa implicaria uma nuvem de partículas pesadas, de uma massa da ordem de 50 massas de Planck ($\sim 50.10^{-5}$ g).

Estes resultados puderam ser incorporados numa abordagem termodinâmica macroscópica em que o universo é considerado um sistema termodinâmico aberto.[17] De fato, a matéria-energia é criada à custa da energia gravitacional. Isto leva a certo número de modificações na equação cosmológica de Einstein. Com efeito, o primeiro princípio da termodinâmica deve agora levar em conta a fonte de matéria-energia, o que acarreta uma mudança de definição de quantidades, tais como a pressão.[18] Ora, as equações fundamentais de Einstein vinculam, como vimos, a geometria do

---

17 GUNZIG, E., GÉHENIAU, J., PRIGOGINE, I. Nature, v.330, p.621, 1987; PRIGOGINE, I., GÉHENIAU, J., GUNZIG, E., NARDONE, P. Proc. Nat. Acad. Sc. USA, v.85, p.1428, 1988.

18 A pressão "de criação" é negativa, o que implica que o teorema muitas vezes citado de Hawking e Penrose, que mostra que o universo parte de uma singularidade, não é válido: esse teorema se vale de pressões positivas. Vide LINDE, A. *Rep. Progr. Physics*, v.47, p.925, 1984; e BRANDENBERGER, R. H. *Rev. Mod. Phys.*, v.57, p.1, 1985.

universo a seu conteúdo de matéria-energia, em que aparece a pressão, que assume agora uma nova forma correspondente ao universo considerado como um sistema aberto.

As equações de Einstein exprimem, poder-se-ia dizer, uma equivalência entre geometria e matéria mais ou menos como o primeiro princípio da termodinâmica introduz a equivalência entre trabalho e calor. Mas o segundo princípio rompe essa equivalência: sempre podemos transformar o trabalho em calor, mas o inverso não é verdadeiro (são precisos motores de duas fontes, como demonstrou Sadi Carnot). Aqui, a situação é mais ou menos análoga. A entropia é associada de maneira específica à matéria-energia e não ao espaço-tempo. A transformação do espaço-tempo em matéria corresponde a um processo dissipativo irreversível, produtor de entropia. O processo inverso, que transformaria a matéria em espaço-tempo, está, portanto, excluído. O nascimento de nosso universo traduz-se por uma explosão de entropia.

A etapa mais recente no desenvolvimento destas ideias é a demonstração feita pelos irmãos gêmeos Vitaly e Vladimir Kocharovsky[19] de que o modelo cosmológico correspondente à interação do campo conforme com um campo massivo, e que dá lugar à transformação de energia gravitacional em matéria, pode ser quantificado. Isto constitui um resultado interessante no caminho da quantificação geral da gravitação. Como sublinhamos, a gravitação é a única das interações conhecidas para a qual não se conseguiu formular nenhuma teoria quântica consistente. É bem verdade que, no que diz respeito às outras interações, a teoria dos campos quânticos conduz a dificuldades, ligadas ao aparecimento de quantidades infinitas. Esses infinitos podem, porém, ser eliminados graças ao chamado procedimento de "renormalização": devemos introduzir novas definições de grandezas tais como a massa, a carga, a constante de acoplamento etc., a fim de obter uma teoria quântica consistente.

---

19 A ser publicada em *Foundations of Physics*.

O procedimento de renormalização, embora seja dificilmente aceitável do ponto de vista matemático, leva a resultados em excelente acordo com a experiência. Mas esse procedimento não pôde ser aplicado à gravitação, considerada não renormalizável. Ora, e este é o grande interesse dos resultados de V. e V. Kocharovsky, podemos agora integrar a gravitação numa teoria finita, renormalizável, pelo menos quando nos limitamos ao caso simples de um grau de liberdade conforme em interação com um campo massivo.

O futuro dirá se este resultado pode ser o ponto de partida de uma teoria gravitacional completa. Ressaltemos que a energia associada ao grau de liberdade conforme é nele negativa. Ao contrário das outras situações estudadas pela teoria dos campos, não há aqui um estado fundamental *estável*. O fator conforme corresponde a energias negativas cada vez mais baixas à medida que se vai criando a matéria. Como não há limite inferior para a energia gravitacional, o processo pode prolongar-se sem fim. O sistema gravitação-matéria aparece, a partir daí, como um sistema de não equilíbrio que leva, por razões *internas* (e não ligadas a trocas com o ambiente), às estruturas de não equilíbrio que se tornam, nesta perspectiva, a matéria e o espaço-tempo encurvado. Neste sentido, as estruturas dissipativas e a auto-organização encontrariam um análogo cosmológico.

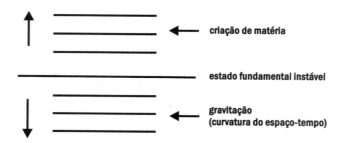

FIGURA 8.4 – A matéria criada à custa do campo gravitacional (grau de liberdade conforme). Não há estado fundamental estável.

O acoplamento entre a gravitação e a matéria corresponde também ele a uma ressonância de Poincaré, análoga à desexcitação de um átomo. Ele impõe, portanto, que se trabalhe num espaço funcional generalizado, levando a uma simetria temporal quebrada. No entanto, ao contrário do átomo excitado, que retorna a seu estado fundamental, este processo, como dissemos, não se detém. Nossa descrição não se aplica, portanto, somente ao nosso universo, mas também ao metauniverso, isto é, a um meio no interior do qual um número indefinido de universos individuais pode nascer. Esta ideia de um metauniverso, e do conjunto de universos individuais que ele implica, está hoje bastante difundida. Ela aparece em autores que, no entanto, propõem abordagens muito diferentes, como A. Linde, M. Rees ou L. Smolin.[20]

Sublinhemos duas características gerais de nossa abordagem. Por um lado, é claro que, mesmo antes da criação de *nosso* universo, havia uma flecha do tempo, e que essa flecha não tem nenhuma razão para desaparecer. Por outro lado, reencontramos os dois elementos que pusemos no centro deste livro, a irreversibilidade e a probabilidade. Os universos aparecem ali onde as amplitudes dos campos gravitacionais e massivos têm valores altos. O lugar e o momento em que isso acontece têm apenas um significado estatístico, pois estão associados às flutuações quânticas.

Durante toda a sua vida, Einstein perseguiu o sonho de uma teoria unificada que incluísse todas as interações. Chegamos a uma conclusão inesperada: talvez a realização desse sonho exija uma concepção *evolutiva* do universo! Uma teoria unificada seria, então, inseparável da simetria temporal quebrada do universo. Isto só pode ser verdade se certos campos desempenham um papel diferente dos outros (no caso, o campo associado ao fator conforme em relação ao campo massivo). A unificação implicaria, portanto, uma concepção "dialética" da natureza.

---

20 Vide os artigos reunidos em BROCKMAN, J. *The Third Culture*. New York: Simon and Schuster, 1995.

A questão do nascimento do tempo e a das origens permanecerão, sem dúvida, sempre de pé. Enquanto a relatividade geral era considerada uma teoria fechada, final, o tempo parecia ter uma origem e a imagem de uma criação do universo como processo único e singular parecia impor-se. Mas a relatividade geral não é fechada, como tampouco a mecânica clássica ou quântica. Em particular, temos de unificar relatividade e teoria quântica, levando em conta a instabilidade dos sistemas dinâmicos. A partir daí, a perspectiva muda. A possibilidade de que o tempo não tenha começo, de que o tempo preceda a existência de nosso universo, se torna uma alternativa razoável.

Frisemos uma última vez o quanto o desenvolvimento da ciência pode ter um caráter inesperado e dramático. Einstein inaugurou a história das teorias cosmológicas contemporâneas com uma interpretação geométrica do universo. Os resultados desta primeira tentativa foram extraordinariamente fecundos e imprevistos. Como poderia Einstein ter suspeitado que sua teoria implicava questões que iriam levar para além de uma visão geométrica e desembocar na concepção de um universo orientado no tempo? O universo não faz lembrar agora aqueles contos árabes em que cada história se encaixa em outras histórias? A história da matéria encaixa-se na história cosmológica, a história da vida na história da matéria. E, por fim, nossas próprias vidas estão mergulhadas na história da sociedade.

CAPÍTULO 9
UM CAMINHO ESTREITO

I

Acabamos de ver que a irreversibilidade poderia ser de origem cosmológica, associada ao próprio nascimento do universo. É necessário à coerência de nossa posição que a flecha do tempo, a diferença entre o papel desempenhado pelo passado e pelo futuro, faça parte da cosmologia, pois ela constitui um traço universal, compartilhado por todos os atores da evolução cósmica, vivos ou não. Mas os fenômenos irreversíveis não pararam com a criação do universo. As reações nucleares continuam no interior do Sol, a vida continua na Terra. Os fenômenos irreversíveis de hoje devem achar sua explicação na física clássica ou quântica de hoje, ainda que seu ponto de partida seja cosmológico. Esta é a posição assumida neste livro. Vinculamos a irreversibilidade a uma nova formulação, probabilista, das leis da natureza. Esta formulação fornece-nos os princípios que permitem decifrar a construção do universo de amanhã, mas é de um universo em construção que se trata. O futuro não é dado.

Vivemos o fim das certezas. Será isto uma derrota do espírito humano? Estou convencido do contrário.

Italo Calvino escreveu uma deliciosa coletânea de novelas, *Cosmicômicas*,[1] na qual imagina seres que vivem num estado muito precoce do universo. Eles se reúnem ainda hoje e se lembram da época difícil em que o universo era tão pequeno que seus corpos o preenchiam completamente. A imaginação dos possíveis, a especulação sobre o que poderia ter sido é um dos traços fundamentais da inteligência humana. Que teria sido a história da física se Newton tivesse sido um membro dessa comunidade precoce? Ele teria observado o nascimento e a decomposição de partículas, a aniquilação mútua de matéria e de antimatéria. O universo ter-se-ia mostrado a ele desde o começo como um sistema distante do equilíbrio, com suas instabilidades e suas bifurcações.

Hoje, é possível isolar sistemas dinâmicos simples e verificar as leis da mecânica quântica e clássica. Elas, porém, correspondem sempre a simplificações, a idealizações. O universo é um sistema termodinâmico gigante. Em todos os níveis, encontramos instabilidades e bifurcações. É nesta perspectiva que nos podemos perguntar por que durante tanto tempo o ideal da física esteve associado à certeza, isto é, à denegação do tempo e da criatividade. Da mesma forma que as questões colocadas pelos seres imaginários de Calvino ganham seu sentido na época cosmológica precoce em que o autor as faz existirem, assim também os sistemas simples da mecânica quântica e clássica se referem a nosso universo morno. Da mesma forma também, por assim dizer, a busca apaixonada das certezas que marcou a história da física deve, sem dúvida, ser compreendida no contexto da história europeia em que a física clássica foi formulada.

---

1 CALVINO, I. *Le Cosmicomiche*. Turim: Einaudi, 1963.

II

Como alcançar a certeza? Esta é a questão fundamental de René Descartes. Em seu interessantíssimo *Cosmopolis*,[2] S. Toulmin põe em cena as circunstâncias que levaram Descartes à sua busca de certezas. Sublinha a situação trágica do século XVII, um século de instabilidade política e de guerras de religião. Era em nome de dogmas, de certezas religiosas, que os católicos e os protestantes se matavam uns aos outros. Descartes pôs-se em busca de um outro tipo de certeza, uma certeza que todos os humanos, independentemente de sua religião, pudessem compartilhar. Foi isso que o levou a fazer de seu famoso *cogito* o ponto de partida de sua filosofia e a exigir que a ciência fosse fundada nas matemáticas, o único caminho garantido para a certeza. O programa de Descartes foi retomado e modificado por Leibniz, que procurou construir uma linguagem que permitisse chegar a um acordo geral e, portanto, restabelecer a paz entre os homens. Na ciência, a pesquisa das certezas encontrou finalmente sua consumação suprema na noção de "leis da natureza", associada à obra de Newton. Essas leis permaneceram como o modelo para a física durante três séculos.

Existe uma notável analogia entre a análise que Toulmin propõe da situação histórica e existencial da busca cartesiana e aquela de que é testemunha a atitude de Einstein para com a ciência. Para Einstein também, a ciência permitia escapar aos tormentos da existência quotidiana. Ele comparou a vocação científica ao "desejo ardente que atrai o habitante da cidade para fora de seu ambiente barulhento e confuso, para as regiões tranquilas das altas montanhas".[3] Einstein tinha uma concepção profundamente pessimista da vida humana. Vivia numa época trágica da história humana, a época do fascismo, do antissemi-

---

2 TOULMIN, S. *Cosmopolis*. Chicago: Chicago University Press, 1990.
3 EINSTEIN, A. "Les principes de la recherche scientifique". In *Comment je vois le monde*. Paris: Flammarion, 1958, p.140.

tismo e das duas guerras mundiais. Sua visão da física, triunfo último da razão humana sobre um mundo decepcionante e violento, fortaleceu no século XX a oposição entre o conhecimento objetivo e o terreno do incerto e do subjetivo.

E, no entanto, a ciência concebida por Einstein como aquela que permite escapar das maldições da história ainda representa a ciência de hoje? O cientista não pode, como tampouco o homem urbano, escapar das cidades poluídas indo para as altas montanhas. As ciências participam da construção da sociedade de amanhã, com todas as suas contradições e suas incertezas. Elas não podem renunciar à esperança, elas que, nos termos de Peter Scott, exprimem da maneira mais direta que "o mundo, o nosso mundo, trabalha sem cessar para estender as fronteiras do que pode ser conhecido e do que pode ser fonte de valor, para transcender o que é dado, para imaginar um mundo novo e melhor".[4]

Citei Richard Tarnas já no prefácio deste livro: "a paixão mais profunda do espírito ocidental foi a de reencontrar sua unidade com as raízes de seu ser".[5] Esta paixão levou à afirmação prometeica do poder da razão, mas também pôde ser identificada ao drama de uma alienação, a uma negação do que constitui a significação e o valor da vida. Estou convencido de que essa mesma paixão é capaz, hoje em dia, de levar a um novo tipo de unidade em nossa visão do mundo, e de que a ciência deve desempenhar um papel importante nessa construção de uma nova coerência.

III

Como mencionamos no capítulo anterior, foi oferecida a Einstein, no final de sua vida, uma coletânea de ensaios[6] que

---

4 SCOTT, P. *Knowledge, Culture and the Modern University*. Congres ter gelegenheid van het 75de lustrum van de Rijksuniversiteit Groningen, 1984.
5 TARNAS, R. *The Passion of the Western Mind*, op. cit., 1991.
6 *Albert Einstein: Philosopher-Scientist*, op. cit., 1949.

O FIM DAS CERTEZAS

incluía uma contribuição do grande matemático Gödel. Este acreditava provar a equivalência entre passado e futuro imaginando a possibilidade de uma viagem ao passado. Em sua resposta a Gödel, Einstein rejeitou essa ideia: por maior que seja a tentação da eternidade, aceitar a possibilidade de voltar ao passado equivale a uma negação da realidade do mundo. Enquanto físico, Einstein não podia aceitar essa consequência, no entanto lógica, de suas próprias ideias.

Em "Uma nova refutação do tempo",[7] o grande escritor Jorge Luis Borges exprime a mesma ambivalência. Conclui ele, após ter exposto as doutrinas que transformam o tempo em ilusão: "E, no entanto, no entanto... negar a sucessão do tempo, negar o eu, negar o universo astronômico são desesperos aparentes e consolos secretos ... O tempo é a substância de que sou feito. O tempo é um rio que me arrebata, mas eu sou o rio; é um tigre que me destroça, mas eu sou o tigre; é um fogo que me consome, mas eu sou o fogo. O mundo, desgraçadamente, é real; e eu, desgraçadamente, sou Borges". O tempo e a realidade estão irredutivelmente ligados. Negar o tempo pode parecer um consolo ou aparecer como o triunfo da razão humana, é sempre uma negação da realidade.

A negação do tempo foi uma tentação tanto para Einstein, o físico, quanto para Borges, o poeta. Einstein afirmou muitas vezes que aprendera muito mais com Dostoievski do que com qualquer físico. Numa carta a Max Born, escrevia ele em 1924 que, se fosse obrigado a abandonar a causalidade estrita, preferia "ser sapateiro ou até empregado numa espelunca a ser físico".[8] A física, para aspirar a um valor qualquer, devia satisfazer sua necessidade de escapar à tragédia da condição humana. "E, no entanto, no entanto...", quando Gödel o colocou diante das consequências extremas de sua busca, a negação da realidade· mesma que o físico procura descrever, Einstein recuou.

---

7 Traduzido em francês in *Labyrinthe*. Paris: Gallimard, 1953.
8 EINSTEIN, A., BORN, M. *Correspondance 1916-1955*. Paris: Seuil, 1972, p.98.

Podemos, porém, compreender que Einstein tenha recusado aceitar que o acaso possa ser a única resposta a nossas perguntas. O acaso puro é tanto uma negação da realidade e de nossa exigência de compreender o mundo quanto o determinismo o é. O que procuramos construir é um caminho estreito entre essas duas concepções que levam igualmente à alienação, a de um mundo regido por leis que não deixam nenhum lugar para a novidade, e a de um mundo absurdo, acausal, onde nada pode ser previsto nem descrito em termos gerais.

A busca desse caminho estreito é o assunto mesmo deste livro. Esta busca ilustra o papel da criatividade nas ciências. É estranho que a criatividade científica seja com tanta frequência subestimada. Todos sabem que se Shakespeare, Beethoven ou Van Gogh tivessem morrido prematuramente, ninguém jamais teria realizado suas obras. Que dizer a este respeito dos cientistas? Se não tivesse havido um Newton, alguma outra pessoa não teria descoberto as leis clássicas do movimento? Faz-se sentir a personalidade de Clausius na formulação do segundo princípio da termodinâmica? Há algo de verdadeiro neste contraste. A ciência é um empreendimento coletivo. A solução de um problema científico deve, para ser aceita, satisfazer exigências e critérios rigorosos. No entanto, esses constrangimentos não eliminam a criatividade, são desafios para ela.

A formulação do paradoxo do tempo é em si mesma um exemplo extraordinário de criatividade e de imaginação humanas. Se a ciência estivesse limitada ao estudo dos fatos empíricos, como poderia ela ter pensado em negar a flecha do tempo? E a negação da flecha do tempo não foi somente um sonho. A formulação de leis simétricas em relação ao tempo conseguiu combinar as observações empíricas com a criação de estruturas teóricas. É por isso que o paradoxo do tempo não podia ser resolvido com um mero apelo ao senso comum ou com modificações *ad hoc* das leis da dinâmica. Não bastava nem mesmo localizar a fraqueza oculta do edifício clássico. Era preciso que essa fraqueza, a sensibilidade às condições iniciais do caos determinista ou as ressonâncias de Poincaré, assumisse um sentido positivo, se tornasse a origem de uma nova linguagem, a fonte de novas questões físicas e matemáticas. Este é o significado do diálogo com a natureza que identificamos ao conhecimento científico. Ao longo deste diálogo, transformamos o que aparece inicialmente como um obstáculo em estruturas conceituais que conferem um novo significado à relação entre aquele que conhece e o que é conhecido.

O que surge hoje é, portanto, uma descrição mediana, situada entre duas representações alienantes, a de um mundo determinista e a de um mundo arbitrário submetido apenas ao acaso. As leis não governam o mundo, mas este tampouco é regido pelo acaso. As leis físicas correspondem a uma nova forma de inteligibilidade que as representações probabilistas irredutíveis exprimem. Elas estão associadas à instabilidade e, quer no nível microscópico, quer no macroscópico, descrevem os eventos enquanto possíveis, sem reduzi-los a consequências dedutíveis ou previsíveis de leis deterministas. Quem sabe esta distinção entre o que pode ser previsto e controlado e o que não pode sê-lo teria satisfeito a busca de inteligibilidade da natureza no coração da obra de Einstein?

Neste processo de construção de um caminho estreito entre as leis cegas e os eventos arbitrários, descobrimos que grande parte do mundo ao nosso redor havia até então "escorregado entre as malhas da rede científica", para retomarmos uma expressão de Whitehead. Discernimos novos horizontes, novas questões, novos riscos. Vivemos um momento privilegiado da história das ciências. Espero ter comunicado esta convicção a meus leitores.

SOBRE O LIVRO

Coleção: Biblioteca Básica
Formato: 14 x 21 cm
Mancha: 25 x 44 paicas
Tipologia: Goudy Old Style 12/14
Papel: Pólen 80 g/m^2 (miolo)
Cartão Supremo 250 g/m^2 (capa)
2ª edição: 2011

EQUIPE DE REALIZAÇÃO

Produção Gráfica
Edson Francisco dos Santos (Assistente)

Edição de Texto
Fábio Gonçalves (Assistente Editorial)
Adma F. Muhana (Preparação de Original)
Ingrid Basílio e Patricia Sponton(Revisão)

Editoração Eletrônica
Lourdes Guacira da Silva Simonelli (Supervisão)
Vicente Pimenta (Diagramação)

Projeto Visual
Lourdes Guacira da Silva Simonelli

Rua Xavier Curado, 388 • Ipiranga - SP • 04210 100
Tel.: (11) 2063 7000 • Fax: (11) 2061 8709
rettec@rettec.com.br • www.rettec.com.br